EXPERIÊNCIAS HISTÓRICAS DE REFORMA AGRÁRIA NO MUNDO

VOLUME I

João Pedro Stedile (Organizador)
Lucas Bezerra (Assistente de pesquisa)

EXPERIÊNCIAS HISTÓRICAS DE REFORMA AGRÁRIA NO MUNDO

Volume 1

1ª edição

EXPRESSÃO POPULAR

São Paulo – 2020

Tradução: *Ana Corbesier, Maria Almeida, Diego Molina, Aline Piva*
Revisão: *Dulcinéia Pavan, Aline Piva, Lia Urbini*
Projeto gráfico e diagramação: *ZAP Design*
Capa: *Fernando Badharó - CPMídias*
Impressão e acabamento: *Paym*

Dados Internacionais de Catalogação-na-Publicação (CIP)

E96 Experiências históricas de reforma agrária no mundo / João Pedro Stedile (organizador) ; Lucas Bezerra (assistente de pesquisa). 1.ed.-- São Paulo : Expressão Popular, 2020.
280 p. : maps, tabs., grafs.

Indexado em GeoDados - http://www.geodados.uem.br
ISBN 978-65-990414-4-0

1. Reforma agrária. I. Stedile. João Pedro. II. Bezerra, Lucas. III. Título.

CDU 333.013.6(81)

Catalogação na Publicação: Eliane M. S. Jovanovich CRB 9/1250

1ª edição: abril de 2020
2ª reimpressão: dezembro de 2023

EDITORA EXPRESSÃO POPULAR
Alameda Nothmann, 806 – Sala 06 e 08
CEP 01216-001 – Campos Elíseos-SP
livraria@expressaopopular.com.br
www.expressaopopular.com.br
ed.expressaopopular
editoraexpressaopopular

SUMÁRIO

AGRADECIMENTOS

AGRADEÇO IMENSAMENTE o esforço de diversos pesquisadores agrários, muitos deles ligados à Via Campesina, que se dedicaram a nos ajudar a preparar os textos aqui contidos. Alguns foram cedidos de publicações anteriores e outros escritos somente para esta coletânea.

Em especial, gostaria de fazer uma homenagem ao nosso querido Samir Amin (1931-2018), um dos maiores pensadores da economia política dos países dependentes e da África, estudioso da questão agrária que não hesitou em dedicar seu tempo para me enviar um texto sobre o Egito, sua terra natal. Talvez tenha sido o último texto que pôde escrever. Incansável Samir Amin, sentimos muito sua falta.

Registro ainda um agradecimento ao nosso saudoso François Houtart (1925-2017), que me ajudou no texto sobre Vietnã e com quem discuti vários aspectos deste livro.

Agradeço também a diversos tradutores que nos ajudam no MST e na Via Campesina Internacional, que se dedicaram com afinco e de forma militante para termos os textos em português.

APRESENTAÇÃO

JOÃO PEDRO STEDILE

O CONHECIMENTO SOBRE AS experiências de reforma agrária nos diversos países do mundo constitui ainda hoje uma lacuna expressiva no debate brasileiro, latino-americano e internacional. A hegemonia dos interesses do capital e do latifúndio presente nas universidades e na mídia certamente contribuiu para que a temática fosse olvidada. Daí o nosso esforço, a pedido dos movimentos camponeses do Brasil e também da América Latina, de tentarmos sistematizar o relato das principais experiências mundiais de reforma agrária, sobretudo no século XX.

Esta coletânea não tem a pretensão de aprofundar o debate de cada experiência, pois há bibliografia específica de cada caso, ainda que na maior parte das vezes limitada aos idiomas nativos. Nosso objetivo consiste em apresentar um resumo, uma síntese de cada experiência, para que a militância social dos movimentos populares e pesquisadores tenham uma visão geral dos processos.

No caso do debate brasileiro, em especial, pensamos que esta coletânea pode ser de grande utilidade para que possamos conhecer melhor as experiências processadas em outros países ao longo da história, suas características e natureza, aprendendo com as lições do passado, incluindo aí acertos e erros, para contribuirmos no processo de luta pela reforma agrária em nosso território. Embora pareça óbvio, não é demais lembrar que o acesso a essas experiências nos permite uma interpretação mais universal da questão agrária no capitalismo, dotando-nos de melhores condições para pensar o Brasil em termos mais abrangentes.

É sob tal direção que sistematizamos sínteses e/ou balanços sobre as diversas experiências de reforma agrária ocorridas no mundo. Duas advertências devem ser consideradas pelo leitor: em primeiro lugar, é evidente que um objetivo com tamanha magnitude só pode ser levado adiante por meio de um amplo trabalho intelectual coletivo de médio e longo prazo, pois a dimensão do tema é gigantesca. Em segundo lugar, não há aqui pretensão alguma de esgotamento do debate. Ao contrário, nossa preocupação consiste em oferecer ao público uma leitura que traduza as principais transformações econômicas, políticas e sociais possibilitadas pelas experiências de reforma agrária.

Com essa configuração, os textos deste livro destinam-se, em especial, a cumprir o papel de subsídio à formação de militantes dos movimentos sociais do campo brasileiro. Como pode ser observado no sumário, partimos dos distintos conceitos de reforma agrária e de uma forma singular de classificá-las; sistematização esta que nos parece um tanto necessária, tendo em vista a heterogeneidade das experiências de reforma agrária em todo o planeta a partir do advento do capitalismo industrial. A tipificação destes processos, que consta adiante, corresponde à síntese de nossa leitura sobre esses processos.

Cumpre assinalar, ainda, que este primeiro volume é o ponto de partida de um projeto maior. A proposta é que se avance nesse debate mediante a edição de outros volumes, e que nos próximos anos tenhamos uma coleção que abranja o maior número possível de relatos de experiências que ocorreram nos mais diversos países.

Este livro, no decurso de seus capítulos, apresenta as características principais da reforma agrária em oito países: Estados Unidos, Japão, Egito, Bolívia, México, China, Vietnã e Cuba. Há ainda dois textos mais gerais: um mais extenso, sobre as experiências na América Latina, e um breve comentário sobre a Europa Ocidental. Os autores que assinam os textos, com poucas exceções, participaram ativamente do debate e/ou da construção da reforma agrária em seus países.

Cabe mencionar que na análise do mundo contemporâneo, a China indiscutivelmente apresenta-se como uma nação da maior importância geopolítica. O mesmo pode ser dito em relação ao papel por ela ocupado na história dos camponeses. Trata-se, afinal de contas, de uma das mais antigas civilizações do mundo e que hoje assume a condição de país mais populoso do mundo (sua população é superior a 1 bilhão), segundo em termos econômicos (principal elo na disputa com os Estados Unidos) e terceiro em área territorial (atrás somente de Rússia e Canadá).

Nesse sentido, recuperar elementos da trajetória histórica da realidade chinesa – incluindo aí sua experiência revolucionária – constitui uma necessidade ainda muito atual no debate brasileiro. Munidos da história, seguramente estaremos mais bem posicionados no campo da análise da conjuntura e dos desdobramentos práticos que dela resultam.

Nota metodológica

O trabalho aqui apresentado reúne o esforço coletivo de muitos companheiros e companheiras nos últimos cinco anos. Tivemos um árduo trabalho de busca e motivação para que os pesquisadores contribuíssem com textos e pesquisas.

Há algumas experiências clássicas, sobre as quais já tínhamos uma bibliografia mais densa, que procuramos fazer uma síntese. Em outros casos, encomendamos textos de especialistas que conheciam a fundo a realidade de seus países. No geral, adotamos o critério de concentrar esforços em apresentar elaborações didáticas e uma síntese que não ultrapassasse 20 páginas – evidentemente, cientes das limitações de análise que este critério impõe. No entanto, como justificado, não temos a pretensão de lançar ao público um livro que aprofunde o tema de cada país, mas que possibilite um panorama dos processos ocorridos, motivando assim militância e pesquisadores ao estudo e aprofundamento com bibliografia complementar.

Há textos, aqui, já publicados em outros livros ou portais, em seus idiomas nativos; outros foram contribuições especialmente construídas para esta coletânea. Constam também alguns textos mais antigos, pouco conhecidos até hoje, com reflexões sobre determinadas experiências de reforma agrária, que figuravam em apostilas para cursos ou intervenções em seminários.

É certo que o tema não se esgota nestas poucas páginas. Adotamos uma tipologia de reformas agrárias construída ao longo de nossa experiência de debates e luta pela reforma agrária no Brasil e na Via Campesina. Porém, há na literatura sobre a questão agrária outros autores que adotam outras terminologias para um mesmo processo; o texto do companheiro Sérgio Gómez, do Chile, aqui publicado é um exemplo disso. Acreditamos que, no geral, a nomenclatura pode mudar para cada tipo, porém, a natureza de cada processo, em suas peculiaridades, está compreendida nas várias interpretações existentes.

O critério de escolha dos textos para este primeiro volume consistiu em incorporar algumas experiências clássicas, sobre as quais já tínhamos acúmulo nas reflexões, e de outros países de que tínhamos mais referências políticas, isso não significa que as consideremos as mais importantes. O grau de importância ou de influência na luta internacional pela reforma agrária está presente de forma diferenciada em cada um dos países, de acordo com o grau de conhecimento, capacidade de elaboração programática dos movimentos e interesse pelo tema na academia.

Já temos algumas contribuições sobre outros países para irmos compondo o que será o volume II, e certamente ao longo do tempo poderemos alimentar uma coleção com as contribuições e relatos das experiências de autores que ainda são pouco conhecidos na literatura brasileira e latino-americana.

Aos amigos e companheiros pesquisadores fica aqui a motivação para que sigam nos ajudando a contribuir com indicações de textos.

Esperamos que o estudo deste livro possa motivar o leitor a seguir se aprofundando no tema. Boa leitura!

CONCEITOS E TIPOS DE REFORMA AGRÁRIA

JOÃO PEDRO STEDILE

A REFORMA AGRÁRIA PODE SER caracterizada como um programa de governo que busca democratizar a propriedade da terra na sociedade e garantir o seu acesso, distribuindo-a a todos que a quiserem fazer produzir e dela usufruir.

Para alcançar esse objetivo, o principal instrumento jurídico utilizado em praticamente todas as experiências existentes é a desapropriação, pelo Estado, das grandes fazendas, os latifúndios, e sua redistribuição entre camponeses sem-terra, pequenos agricultores com pouca terra e assalariados rurais em geral.

Há, no entanto, diversas formas de obtenção de terra pelo Estado para eliminar a grande propriedade. Entre estas, a primeira – e mais usada – é o instrumento da *desapropriação*. Estabelecidos os critérios de classificação de latifúndios e/ou grandes propriedades que devem ser repartidos, o governo emite um decreto desapropriando, ou seja, transferindo a propriedade privada daquela área do fazendeiro/proprietário capitalista para o Estado. Para haver essa transferência de titularidade, o governo indeniza o ex-proprietário mediante critérios de valores definidos pelas leis de cada país. Esses valores podem ser simbólicos ou podem ser os mesmos preços praticados no mercado. Feita a transferência da propriedade da fazenda para o Estado, ele organiza um projeto de distribuição daquela terra às famílias de agricultores sem-terra da região que a reivindicarem.

O segundo instrumento é a *expropriação ou confisco*. É quando a titularidade da propriedade dos grandes fazendeiros é transferida para o Estado sem nenhuma indenização ou pagamento de valores. Essa situação depende da legislação existente em cada país, e é uma punição por irregularidades praticadas pelo fazendeiro.

Há casos intermediários em que o governo não paga pelas terras, mas indeniza o proprietário pelas benfeitorias que porventura tenha feito na fazenda, como casas, galpões, cercas. No Brasil, tem ocorrido essa situação quando os fazendeiros entram em terra pública, sem que possuam o direito legal sobre elas; o governo, então, indeniza apenas as benfeitorias que tenham feito.

No caso brasileiro, a desapropriação se dá por meio de um decreto que transfere de forma compulsória a propriedade das terras para o Estado, mediante indenização. Existe ainda a modalidade de compra negociada com o fazendeiro (Decreto n. 433, de 24 de janeiro de 1992), em que se negociam valores de indenização sem que haja necessidade de decreto desapropriatório. A possibilidade de confisco, que não prevê qualquer pagamento, ocorre, no Brasil, no caso de fazendas utilizadas para contrabando, atividades do narcotráfico ou plantio de psicoativos – como a maconha, por exemplo.

Há aproximadamente dez anos aguarda votação na Câmara dos Deputados a Proposta de Emenda Constitucional n. 438/2001, já aprovada no Senado, que imporia a expropriação e o confisco de todas as fazendas onde for encontrado regime de trabalho análogo à escravidão. A bancada dos parlamentares ligados ao latifúndio tem impedido a votação desse projeto.

Depois de obtida a terra do latifúndio, o Estado, em nome da sociedade, realiza a distribuição da terra. Nas experiências históricas, como veremos ao longo dos textos, houve múltiplas formas de organização dessas unidades de produção. Na maioria dos casos, manteve-se a distribuição às famílias camponesas em unidades familiares; em outros, se acoplou essa forma, com a localização das moradias em agrovilas, aldeias, comunidades, com uma pequena parcela de terra para horta e criação de animais domésticos. Houve a organização de associações coletivas, de cooperativas de produção, ou somente cooperativas de comercialização da produção e organização individual da produção, empresas sociais, empresas estatais etc. Essas diferentes formas podiam se complementar num mesmo processo da reforma agrária de um país ou sendo algumas delas predominantes. As formas de distribuição da terra e da organização da produção não dependem de leis, mas da correlação de forças das classes em cada sociedade, do desenvolvimento das forças produtivas no campo, e também da vocação agrícola territorial de cada região.

Da mesma forma, a condição jurídica das terras pós-reforma agrária varia de um país para outro. Há casos de distribuição aos camponeses e de transformação em proprietários privados das terras que, depois de certo tempo histórico, poderiam inclusive comprar e vender parcelas de terras. Há casos de concessão de uso pelo Estado, com direito à herança, mas sem direito à compra e venda. Há casos de propriedade coletiva das famílias. E há os casos em que a terra se mantém como propriedade de toda a nação, e o Estado somente administra a concessão de uso para cooperativas, famílias etc.

Tipos de reforma agrária

A expressão reforma agrária foi adotada durante o século XX como síntese dos programas ou propostas de democratização do acesso à terra em cada país. No passado, mesmo em modos de produção anteriores (como o asiático ou mesmo o estágio mercantil do capitalismo) houve experiências históricas de democratização do acesso à terra em diversas sociedades, porém sem a utilização da expressão "reforma agrária". Essas experiências estavam mais conectadas à noção de direito de trabalhar na terra. No passado, há referências nos textos bíblicos sobre as leis que vigoravam naqueles povos sobre a redistribuição periódica das terras, e também há referências na literatura de processos semelhantes aplicados na civilização persa.

Ao longo dos séculos XIX e XX, na chamada história moderna, sobretudo a partir do desenvolvimento do capitalismo industrial, muitos países e governos implementaram programas de reforma agrária. Esses programas, que surgiram ainda no século XIX, tinham como objetivo garantir o direito à terra e construir sociedades mais democráticas, procedendo-se a uma distribuição mais justa de um bem da natureza que, a rigor, deveria ser de toda a população que vive naquele território.

As características e a natureza dos processos de distribuição de terra e desapropriação dos latifúndios variam muito nos diferentes países, dependendo das circunstâncias históricas e das condições geográficas e edafoclimáticas de cada país.[1] Assim, com base nas diversas experiências de reforma agrária ocorridas em todo o mundo, podemos aglutiná-las e classificá-las em diferentes tipos: a) clássica; b) anticolonial; c) radical; d) popular; e) parcial ou moderada; f) de libertação nacional; g) socialista. Afora estes, também se incluem no debate as políticas de assentamentos rurais e os projetos de colonização.

Para os propósitos deste livro, vamos procurar descrevê-los de forma sucinta. O leitor/estudioso interessado em mais deta-

1 Condições características de cada região relacionadas com a fertilidade natural do solo, a quantidade de água e sol, e as condições de clima para agricultura.

lhes deverá buscar literatura especializada para se aprofundar na compreensão das características e particularidades de cada experiência concreta em determinado país.

Reforma Agrária clássica

Assim são considerados aqueles programas de governo para desapropriação e distribuição massiva de terras que ocorreram durante o processo tido como "clássico" de industrialização. Esse tipo de reforma agrária foi o primeiro realizado pelo Estado burguês. Sua característica principal é o fato dessas reformas terem sido feitas com legislação aplicada por governos da burguesia industrial. O objetivo primário desses governos consistia em aplicar o direito republicano e democrático de garantir a todos os cidadãos o acesso à terra e também desenvolver o mercado interno para a indústria, com a distribuição de terra e renda aos camponeses até então desprovidos de bens.

Em geral, todas as experiências de reforma agrária clássica foram massivas e amplas. Ou seja, estabeleceram um limite máximo de tamanho da propriedade rural e desapropriaram todas as fazendas acima desse limite. Em contrapartida, procuraram distribuir e atender às famílias de camponeses que quisessem trabalhar na terra. Esse tipo de reforma agrária também se caracteriza por se realizar de forma rápida em certo espaço de tempo, em geral de três a cinco anos. Do ponto de vista político, sua aplicação representou uma aliança entre a burguesia industrial e comercial e os camponeses contra os interesses da oligarquia rural, que concentrava a propriedade da terra.

As reformas agrárias clássicas tiveram início nos países industrializados da Europa Ocidental, em meados do século XIX, e se estenderam até o pós-Segunda Guerra Mundial. Pode-se considerar que a Lei de Terras do governo Abraham Lincoln, nos Estados Unidos, promulgada no meio da guerra civil, em 1862, também foi uma reforma agrária clássica. Essa lei garantiu a todos os cidadãos que morassem no território dos Estados Unidos o direito de acesso a 100 acres de terra, o equivalente a mais ou menos 80 hectares. Nem mais, nem menos. E isso era autoaplicável pelos próprios cidadãos. O objetivo era quebrar o poder econômico do latifúndio escravocrata do Sul e buscar uma justa distribuição das terras da fronteira agrícola do Oeste, extorquidas dos povos indígenas, mediante a sua eliminação ou pelo confinamento em reservas. Apesar dessa origem, essa lei beneficiou mais de 6 milhões de famílias de agricultores de 1862 a 1910, e distribuiu mais de 300 milhões de hectares de terras.

Entre a Primeira e a Segunda Guerra Mundial, cerca de 20 países da Europa Oriental aplicaram leis de reforma agrária por meio de governos das burguesias locais que distribuíram terras aos camponeses. Nesse caso, suspeita-se que a motivação principal não era o desenvolvimento do mercado interno, pois eram países de baixo nível industrial, mas sim o medo de que a Revolução Russa de 1917 se alastrasse para os países vizinhos.

Depois da Segunda Guerra Mundial, as forças militares intervencionistas dos Estados Unidos promoveram leis de reforma agrária em alguns países da Ásia por eles invadidos e controlados durante a guerra. E assim, a *manu militari*, foram feitas reformas agrárias amplas no Japão, nas Filipinas e na província chinesa de Taiwan, que, por ser uma ilha, foi protegida pelas Forças Armadas estadunidenses da revolução popular maoísta. Após 1956, fez-se uma reforma agrária também na Coreia do Sul.

Reforma Agrária anticolonial

Durante os processos de independência política das colônias da América Latina, houve também algumas experiências de reforma agrária. Foram promovidas no contexto de uma nova ordem política de vocação nacionalista que tratou de desapropriar as terras dos latifundiários subalternos às metrópoles, distribuindo-as entre os camponeses sem-terra locais. A maior de todas as experiências deste tipo foi a do Haiti, realizada a partir de 1804. Ela foi muito importante para a população haitiana, pois combinou a libertação da escravidão do jugo político francês com a implantação da república e a distribuição massiva da terra aos camponeses, ex-escravos.

No Paraguai, durante o governo republicano de José Gaspar de Francia, no período de 1811 a 1816, também houve, até seu governo progressista ser derrubado do poder pelas forças locais conservadoras, um intento de reforma agrária, com distribuição de terras aos camponeses de origem guarani, porém de forma limitada.

No Uruguai, durante o governo de José Artigas, a partir de 1815, também se registra uma tentativa, mais limitada ainda, de distribuição de terras aos camponeses crioulos, em terras de estancieiros espanhóis.

Reforma Agrária radical

Caracteriza-se pela tentativa da erradicação do latifúndio e pela distribuição da terra realizada pelos próprios camponeses. Esse tipo de reforma excluiu a necessidade de o Estado burguês criar leis de reforma agrária, realizando-se no bojo de revoltas populares mais amplas.

O primeiro exemplo histórico de reforma agrária radical é o da Revolução Mexicana, ocorrida de 1910 a 1920, quando os camponeses liderados por "Pancho" Villa, no Norte e Emiliano Zapata, no Sul, armaram-se e, sob o lema "Terra para quem nela trabalha", distribuíram as terras entre si, expulsando ou fuzilando os latifundiários. Mesmo com a Revolução Mexicana derrotada e seus líderes mortos, a burguesia nacional que tomou o poder ao final teve de respeitar a distribuição das terras que fora feita sem a lei e sem a normatização do Estado.

A segunda experiência é a Revolução Popular na Bolívia, entre 1952 e 1954, quando, repetindo o caso mexicano, os camponeses se armaram, marcharam sobre a capital La Paz, impuseram um governo revolucionário e, ao longo desse processo, expropriaram todas as grandes propriedades e as distribuíram entre si, sem lei e sem o poder do Estado. Nesse caso, a história se repetiu. A revolução foi derrotada, os camponeses voltaram para as suas comunidades, mas o novo poder político respeitou a distribuição das terras feita durante o processo.

Reforma Agrária popular

Consiste na distribuição massiva de terras a camponeses no contexto de processos de mudanças de poder, nos quais se constituiu uma aliança entre governos de natureza popular, nacionalista, e os camponeses. Desses processos resultaram leis de reforma agrária progressistas, populares, aplicadas com base na combinação da ação do Estado com a colaboração dos movimentos camponeses.

Onde esse tipo de reforma agrária ocorreu, ele não afetou necessariamente o sistema capitalista, e seu grau de abrangência esteve relacionado com os processos de mudanças sociais, econômicas e políticas ocorridos em cada país. Algumas dessas reformas tiveram resultados que perduram até os dias de hoje, outras foram derrotadas e os fazendeiros desapropriados recuperaram suas terras.

Há muitos exemplos desse tipo de reforma agrária. Citamos aqui somente os casos mais notórios ou que tiveram maior influência sobre outros países e governos. A mais importante experiência de reforma agrária popular foi a que ocorreu durante o processo da Revolução Chinesa, no período que vai de 1930 a 1950. Na medida em que o Exército Vermelho e o Partido Comunista iam liberando territórios, eram também aplicados processos de distribuição de terras, que uniam o poder do governo revolucionário, popular, com os camponeses, que também estavam engajados no Exército Vermelho. O objetivo principal era garantir terra a todos os camponeses que viviam nos povoados rurais, base da organização social do interior da China, e, por meio dela, garantir trabalho para todos, eliminando-se as rendas pagas aos latifundiários e criando-se condições para a produção de alimentos para todos.

Na década de 1950, houve experiências de reforma agrária popular nas margens do rio Nilo, durante o governo Nasser, no Egito; e no norte do Vietnã, nas áreas liberadas dos franceses. Existiu ainda a tentativa de reforma agrária na Guatemala no curto espaço do governo de Jacobo Arbenz (1951-1954).

Depois, na década de 1960, tivemos as experiências mais conhecidas de Cuba, que, ao longo de sua história, fez três Reformas Agrárias, com natureza e amplitude diferentes, mas a primeira, logo após a Revolução Popular de 1959, teve uma natureza essencialmente popular. A outra experiência, mais recente, foi a da Revolução Sandinista, na Nicarágua, entre 1979 e 1989, que também desenvolveu um processo de reforma agrária popular.

Reforma Agrária parcial ou moderada

Logo após a Segunda Guerra Mundial, com a efervescência da luta de classes e o reascenso de movimentos revolucionários em diversos países da América Latina, África e Ásia, os governos locais, de cunho burguês e aliados ao imperialismo, obrigaram-se a implantar políticas de reforma agrária. Estas, no entanto, em geral não tiveram um caráter massivo e amplo, uma vez que esses governos também eram compostos pelas oligarquias rurais.

O governo Kennedy, nos Estados Unidos, durante a década de 1960, chegou a fazer pressões para que governos conservadores, seus aliados, implantassem políticas de reforma agrária como forma de conter o ímpeto de mudanças que havia no continente. Seu governo propôs a necessidade de reformas agrárias clássicas, numa famosa conferência realizada em Punta del Este, no Uruguai, em 1961, pois imaginava que, sendo rural a maior parte da população, uma reforma agrária poderia produzir reformas que evitassem mudanças mais radicais, como havia ocorrido recentemente em Cuba.

Nessa conferência, criou-se o Instituto Interamericano de Ciências Agrárias (IICA), com sede na Costa Rica, que tinha por objetivo servir de retaguarda a esses processos. Assim, houve alguns intentos de reforma agrária em alguns países, porém parciais, não atingindo a maioria dos latifúndios, e poucas famílias camponesas foram beneficiadas.

Podem ser incluídos nessas experiências diversos casos de reforma agrária ocorridos na América Latina no período 1964-1970, como as do Chile, durante o governo de Eduardo Frei (1964-1970), do Peru, durante o governo militar de Velasco Alvarado (1968-1975) e do Equador (1963-1966) e de Honduras (1963-1980), governados por juntas militares. A reforma agrária mexicana realizada durante o governo do general Lázaro Cárdenas (1934-1940) teve certa amplitude; foi dirigida pelo governo progressista, mas não conseguiu atender a todas as famílias de camponeses sem-terra.

Reforma Agrária de liberação nacional

Trata-se das experiências que ocorreram basicamente nos países da África, a partir da década de 1960, durante o processo de luta por independência e descolonização. No contexto dessas vitórias, a maioria dos governos se apoderou das terras utilizadas, de "propriedade" de colonos europeus, em geral, fazendeiros capitalistas brancos. Essas terras foram então distribuídas das mais diferentes formas para comunidades e líderes tribais. Em alguns casos, foram seguidos critérios mais democráticos que procuravam atender a todos os camponeses que quisessem terra.

Os casos que tiveram maior amplitude foram os processos de liberação nacional e distribuição de terras na Tanzânia, Moçambique, Angola, Guiné-Bissau, Congo, Líbia e Argélia. No entanto, houve também processos de liberação nacional em que, depois da independência, os novos governantes fizeram acordos com os fazendeiros capitalistas brancos e não distribuíram a terra aos camponeses, como aconteceu no Quênia, no Zimbábue e na África do Sul.

Reforma Agrária socialista

Realizada em diversos países no contexto de processos revolucionários que buscavam também a superação do capitalismo e a construção do modo de produção socialista.

As reformas agrárias socialistas se baseiam no princípio de que a terra pertence a toda a nação. Portanto, não pode existir propriedade privada da terra, nem compra e venda de terra. E o Estado organiza as diversas formas de uso e propriedade social das terras. As formas sociais de uso e propriedade mais adotadas foram o associativismo de base, em pequenos grupos de famílias, empresas sociais autogestionárias, cooperativas de produção e empresas estatais. Em cada país, de acordo com suas condições objetivas e subjetivas, houve a predominância de uma ou outra forma de propriedade social.

Nos processos de reforma agrária socialista, a produção foi planejada pelo Estado de acordo com as necessidades de toda a sociedade e induzida para ser aplicada pelas diferentes formas de organização da produção e da terra.

Os casos mais conhecidos desse tipo de reforma agrária foram as experiências na Rússia, em especial no período do governo de Josef Stalin (1924-1953), mas houve também experiências na Iugoslávia, Coreia do Norte, Alemanha Oriental, Ucrânia e outros países do chamado bloco soviético.

A China tentou fazer uma reforma agrária socialista durante o período da Revolução Cultural, na década de 1960, mas ela foi infrutífera; depois, nos anos 1980, o país voltou às origens, com a reforma agrária popular. Cuba também tentou avançar para uma reforma agrária socialista a partir de 1975, estimulando novas forças coletivas de produção e ampliando o peso das empresas estatais no campo, em especial na produção da cana-de-açúcar; porém, depois da crise de 1989, voltou aos processos anteriores de reforma agrária popular.

Política de assentamentos rurais

São aqueles programas de governo que procuram distribuir terras a famílias de camponeses, utilizando-se da desapropriação ou compra da terra dos fazendeiros. São, porém, limitados na abrangência e não afetam a estrutura da propriedade da terra. São políticas parciais, que atendem aos camponeses, mas não são massivas, e por isso funcionam mais para resolver problemas sociais localizados ou atender populações mobilizadas que pressionam politicamente o governo.

O governo dos Estados Unidos, principalmente, tem estimulado essa política em muitos países, mediante ações e recursos do Banco Mundial, que ajudam a financiar a compra de terras dos fazendeiros. Os programas do Banco Mundial ficaram conhecidos como crédito fundiário, Banco da Terra etc. e foram aplicados nos países de maior tensão na disputa pela terra, como Brasil, Filipinas, África do Sul, Guatemala, Colômbia e Indonésia.

Projetos de colonização

Em diversos países pouco povoados e onde existem enormes áreas disponíveis que ainda são de domínio público ou de propriedade do Estado, foram aplicados programas de distribuição dessas terras para uso dos agricultores. As terras são públicas, não há ainda propriedade privada, estão desabitadas ou muitas vezes os governos as apropriam das populações nativas, povos indígenas que nelas habitavam por tempos imemoráveis. Foi o que aconteceu, por exemplo, na distribuição das terras do Oeste dos Estados Unidos entre 1862 e 1910, e o que acontece no Brasil até hoje, com a distribuição das terras públicas da Amazônia Legal, em projetos de colonização.

Muitos governos fazem programas de distribuição dessas áreas públicas, ainda improdutivas, em glebas para os agricultores, transformando-os então em proprietários privados e colonizadores de regiões de fronteira agrícola. A distribuição dessas terras constitui os projetos de colonização, que não afetam o latifúndio e a estrutura de propriedade da terra. Os programas de reforma agrária implicam a democratização do acesso à terra e a eliminação do latifúndio.

DESIGUALDADE SOCIAL, DEMOCRACIA E REFORMA AGRÁRIA

MIGUEL CARTER

A REFORMA AGRÁRIA TEM SIDO UM instrumento clássico de redistribuição da riqueza desde a Antiguidade. Os hebreus, gregos e romanos passaram por fases de redistribuição fundiária entre os séculos VII e II a.C. Na Era Moderna, a primeira grande reforma agrária teve início com os decretos da Revolução Francesa revogando os direitos de propriedade feudal e libertando todas as pessoas da servidão. Já na Inglaterra, o movimento da privatização de terras do século XVIII expulsou os camponeses de suas terras comunais forçando-os a se mudarem para as cidades industriais em pleno crescimento. Camponeses escandinavos receberam o direito de propriedade da terra no início do século XIX. Ao longo das décadas subsequentes, medidas similares levaram à extinção dos acordos feudais na Alemanha, Rússia, Espanha e Itália. Nos Estados Unidos, a Lei de Terras (*Homestead Act*) de 1862, promulgada durante a Guerra Civil, consagrou o ideal da propriedade familiar e incentivou a colonização no Oeste do país. No Canadá, políticas similares foram promovidas sob a Lei Agrária (*Dominion Land Act*) de 1872.

No entanto, nenhum outro século testemunhou tanta atenção e luta política em torno da questão agrária quanto o século XX. Em todos os aspectos, o século passado foi sem dúvida a era da reforma agrária *par excellence*, durante a qual diversas políticas de redistribuição de terra foram adotadas em numerosos países.

Em um sentido amplo, a intensificação da reforma agrária no século XX pode ser explicada por uma série de fatores demográficos, econômicos, sociais e políticos. O rápido crescimento da população mundial fez com que as terras cultiváveis passassem a ser um bem mais escasso. Apesar da acelerada urbanização do planeta, naquele período, a maior parte da sua população ainda morava em comunidades rurais e sobrevivia da lavoura. A modernização econômica gerou uma pressão para transformar os padrões tradicionais de uso e controle da terra e, assim, aumentar a produtividade agrícola. Aliada a isso, uma redução gradual, porém inexorável, do isolamento rural devido a mudanças tecnológicas na comunicação e no transporte gerou um contexto diferente para a promoção de mudanças da estrutura fundiária. O século XX também marcou uma era de difusão de novas configurações de poder no campo com a maior presença do Estado, a incursão de vários agentes externos promovendo novas ideias e o desenvolvimento de formas inéditas de organização e mobilização dos trabalhadores rurais.

As reformas agrárias do século XX foram introduzidas sob uma variedade de sistemas políticos e ideologias. Ainda assim, no geral, todas elas foram associadas ou influenciadas de algum modo pela esquerda política. De fato, todos os governos de orientação marxista conduziram significativas reformas fundiárias, muitas vezes por meio de esquemas estatais de coletivização, como a União Soviética, a China, a maior parte do Leste Europeu, a Coreia do Norte, o Vietnã, Cuba e a Etiópia. Depois da Segunda Guerra Mundial, o Japão, a Coreia do Sul e Taiwan implementaram significativas redistribuições de terra. Essas reformas tiveram o firme apoio do governo dos Estados Unidos, sob o impacto da era da Guerra Fria e um *zeitgeist* favorável à forte condução do Estado nas políticas de desenvolvimento. Nas décadas seguintes, outros países da Ásia, incluindo a Índia, o Irã, o Paquistão, Bangladesh e o Sri Lanka, seguiram o exemplo introduzindo restrições ao tamanho máximo das propriedades rurais.

Em outras regiões, diversos governos nacionalistas, influenciados por ideias socialistas, expropriaram grandes latifúndios em benefício dos trabalhadores rurais, como México, Bolívia, Guatemala (por um breve lapso de tempo), Egito, Indonésia, Argélia, Síria, Iraque, Líbia, Portugal e Peru. Sob influência de fortes partidos políticos da esquerda, os governos democráticos da Itália, durante o final da década de 1940, e do Chile, depois de meados da década de 1960, também redistribuíram suas terras. Outros países latino-americanos, como Venezuela, Colômbia e Equador, deram início a tímidos esforços nessa direção após a Revolução Cubana de 1959 e a transformação radical da estrutura fundiária naquela ilha. Na década de 1980, a Nicarágua, após a Revolução Sandinista, e El Salvador, em meio a uma guerra civil com insurgentes de esquerda, também implementaram variados programas de transferência de terra.[1]

Uma forma comum de promover a reforma agrária na segunda metade do século XX foi por meio de normas legais que estabelecem limites máximos ao tamanho das propriedades rurais. Essas leis foram aplicadas tanto em economias capitalistas quanto socialistas. O quadro 1 apresenta uma amostra de países que adotaram tais políticas. Variações entre tetos altos e baixos costumam se relacionar à questão do acesso à água. Como regra geral, terras não irrigadas recebem um teto mais alto do que as irrigadas.

---

1 Essas informações baseiam-se em uma extensa revisão comparativa da literatura sobre a reforma da questão do acesso à água.

Quadro 1 – Tamanho máximo das propriedades rurais: depois das reformas agrárias (em ha)[2]

País e ano da lei	Nível do teto		País e ano da lei	Nível do teto	
	Alto	Baixo		Alto	**Baixo**
Japão (1946)	12	1	Índia (1972)	21,9	4,1
Itália (1950)	-	300	Sri Lanka (1071)	20	10
Coreia do Sul (1950)	-	3	Argélia (1973)	45	1
Taiwan (1953)	11,6	1,5	Paquistão (1977)	8	1
Indonésia (1962)	20	5	El Salvador (1980)	-	800
Cuba (1963)	-	67	Nicarágua (1981)	700	350
Síria (1963)	300	15	Bangladesh (1984)	-	8,1
Egito (1969)	-	21	Filipinas (1988)	-	5
Peru (1969)	150	15	Tailândia (1989)	-	8
Iraque (1970)	500	100	Nepal (2001)	6,8	1,3

A origem e o tipo de reforma agrária podem ser atribuídos a duas forças propulsoras básicas: uma proveniente da sociedade (ou "de baixo") e a outra ancorada no Estado (ou "de cima"). Com frequência, há uma tentação de dicotomizar essas duas forças e descrever a origem de algumas reformas agrárias como resultantes "de cima" e outras "de baixo". Essa abordagem, contudo, envolve uma representação muito simplista da realidade.

2 As informações baseiam-se em uma extensa revisão comparativa da literatura sobre a reforma agrária. Os textos consultados sobre o assunto incluem: Akram-Lodhi, Borras e Kay (2007); Basset e Crummey (1993); Bermeo (1986); Brockett (1998); Colburn (1989), de Janvry (1981); de Janvry, Gordillo, Platteau e Sadoulet (2001); Desai (1986); Dorner (1992); Eckstein, Donald, Horton e Carroll (1978); Fox (1990); Ghimire (2001); Grindle (1986); Handelman (1981); Hooglund (1982); Huntington (1968); Inayatullah (1980); Kay (1998); King (1977, 1973); Menjivar (1969); Montgomery (1984); Moyo e Yeros (2005); Paige (1975); Pausewang (1983); Prosterman e Riedinger (1987); Riedinger (1995); Rosset, Patel e Courville (2006); Sobhan (1993); Swinnen (1997); Thakur (1989); Thiesenhusen (2007, 1993); Williams (1986); Wolf (1998); Zamosc, Martínez e Chiriboga (1989).

Na prática, nenhuma reforma agrária moderna poderia ocorrer na ausência de um Estado. Por definição, reformas agrárias implicam o envolvimento do Estado na reestruturação de relações de direito de propriedade ou, no mínimo, na regulamentação dos termos de posse no campo, em favor dos trabalhadores rurais. Na ausência do Estado, alterações como essas somente poderiam ocorrer por meio de guerras, apropriações de terra e outras expressões de força bruta. O Estado pode, em última instância, legitimar os resultados dessas lutas. No entanto, isso corroboraria o ponto central desta discussão: no final, toda reforma agrária deve ser sancionada pelo Estado.

Em contrapartida, nenhuma reforma agrária poderia surgir em uma sociedade que não tivesse expectativas e demandas por ela. A intensidade, a extensão e a forma na qual essas reivindicações podem ser acionadas podem variar muito. Sem essa demanda, contudo, a reforma agrária não seria um problema, como o é na atualidade nos países mais desenvolvidos do mundo. O pontapé inicial de qualquer programa de distribuição fundiária, portanto, depende da demanda da sociedade. Desse modo, a execução de reformas agrárias implica uma combinação de impulsos por parte do Estado e da sociedade.

No século XX, a maioria das transformações da propriedade rural teve o Estado como seu principal propulsor. Este foi claramente o caso do Japão e o da Coreia do Sul (ambos sob ocupação estadunidense), Taiwan (depois de o partido nacionalista tomar o poder da ilha) e na maior parte do Leste Europeu (sob a guarda do exército soviético). O México teve uma grande demanda social pela distribuição fundiária nos anos que se seguiram à revolução de 1910, mas as principais medidas de reforma agrária do país, promulgadas pelo presidente Lázaro Cárdenas entre 1934 e 1940, tiveram as marcas claras de um Estado ativo. Casos contemporâneos nos quais o principal impulsionador da reforma agrária vem da própria sociedade incluem Brasil, Paraguai, Honduras, Guatemala, Filipinas, Bangladesh, Índia, Indonésia, África do Sul e Zimbábue.

A reforma agrária pode ser feita sob regimes autocráticos ou democráticos. As transformações mais radicais ocorreram em cenários políticos não democráticos, normalmente após uma revolução social ou uma ocupação militar estrangeira. Na América Latina, quatro das mais significativas reformas agrárias foram implementadas após revoluções sociais: no México (1910), na Bolívia (1952), em Cuba (1959) e na Nicarágua (1979). Só três das dez mais importantes reformas foram conduzidas por líderes democraticamente eleitos. Elas ocorreram na Guatemala (1952-1954), no Chile (1967-1973) e na Venezuela (1960-1973). As reformas na Guatemala e no Chile, contudo, terminaram com golpes militares de direita apoiados pelo governo dos Estados Unidos. A distribuição fundiária foi revertida nos dois países. A reforma venezuelana foi menos controversa, já que foi instaurada em sua maior parte em terras públicas.[3]

Em comparação com outras experiências na América Latina, o processo de "reforma agrária" no Brasil de 1985 a 2002 foi um dos menos significativos do hemisfério. Ele está classificado em último lugar no Índice da reforma agrária apresentado no quadro 2.

Esse índice mede a extensão e a intensidade das reformas agrárias realizadas em 17 países latino-americanos durante o século XX. Em todos estes casos, é importante salientar, as políticas de distribuição fundiária foram precedidas e acompanhadas

[3] Quase três quartos de toda distribuição fundiária na Venezuela foram realizados entre 1960 e 1973 por meio de um programa de colonização de terras públicas (cf. Eckstein, Donald, Horton e Carroll, 1978). Uma situação similar também ocorreu na Colômbia, onde 90% da área abrangida pela reforma e 88% de seus beneficiários foram assentados em terras públicas; cálculos do autor com base em Zamosc (1987, p. 266-269).

Quadro 2 – As reformas agrárias na América Latina: índice comparativo

Classificação	País	Período	Índice da reforma agrária	Terras distribuídas (%)	Camponeses beneficiados (%)	Anos da reforma	Regime democrático
1	Bolívia	1953-1955	34,17	29,9	52,7	2,4	Na maior parte não
2	Cuba	1959-1963	34,08	81,2	75	4,6	Revolução
3	Guatemala	1952-1954	18,0	17,0	19	2	Sim
4	Chile	1967-1973	9,86	40	20	6,1	Sim
5	El Salvador	1980-1984	7,45	19,6	12,7	4,3	Não (contexto de Guerra Civil)
6	Nicarágua	1979-1988	5,63	29,9	23,1	9,4	Revolução
7	Peru	1964-1977	4,45	35,4	25,1	13,6	Na maior parte não
8	Venezuela	1960-1973	3,92	29,1	24,8	13,8	Sim
9	Panamá	1968-1978	3,52	21,9	13,3	10	Não
10	México	1917-1940	3,21	22,5	54,1	23,8	Sim
11	Colômbia	1962-1979	1,72	17,1	13,8	18	Sim
12	Honduras	1967-1984	1,14	11,2	8,8	17,5	Na maior parte não
13	Equador	1964-1983	1,11	9	10,4	17,5	Na maior parte não
14	Paraguai	1989-2002	0,78	2,3	8,3	13,7	Na maior parte sim
15	República Dominicana	1962-1982	0,75	8,7	6,9	20,7	Na maior parte sim
16	Costa Rica	1962-1980	0,68	7,1	5,4	18,3	Sim
17	Brasil	1985-2002	0,63	7,6	3,4	17,6	Sim
Classificação do Brasil			17°	15°	17°	13°	

Fonte: elaborado pelo autor.

por ocupações de terra e outras táticas de pressão por parte dos camponeses. O leitor deve considerar que:

- o "Índice da reforma agrária" mede a extensão e a intensidade do processo de redistribuição fundiária. Isso é feito somando-se as porcentagens de terras cultiváveis distribuídas e camponeses beneficiados e dividindo o resultado pelo número de anos da reforma;[4]

[4] As porcentagens de terra distribuída e de camponeses beneficiados provêm de várias fontes, aqui relacionadas segundo a ordem de classificação de cada país no Índice da reforma agrária. 1) Bolívia: Eckstein, Donald, Horton e Carroll (1978); 2) Cuba: os dados sobre as terras expropriadas entre maio de 1959 e meados de 1963 e a área apta para a agricultura e pecuária são de MacEwan (1981, p. 45-46); os valores sobre a terra expropriada no segundo semestre são de 1963 é do Cuban Economic Research Project (1965, p. 235); a estimativa da porcentagem de beneficiários é de Kay (1998, p. 17); 3) Guatemala: Handy (1994, p. 93-95); 4) Chile: de Janvry (1981, p. 206-207); 5) El Salvador: os dados sobre a área abrangida pela reforma e o número de beneficiários são de Thiesenhusen (1995b, p. 154); os dados sobre a área apta para a agricultura e pecuária são de Strasma (1989, p. 413) e sobre a força de trabalho agrícola são do censo de 1980, publicado pelo OIT Laborista (2008); 6) Nicarágua: os dados sobre a área abrangida pela reforma e o número de beneficiários são de Kaimowitz (1989, p. 385), para o período de 1979 a 1980, e de Enríquez (1991, p. 91-92), para o período de 1981 a 1988; os dados sobre a área apta para a agricultura e pecuária são de Reinhardt (1989, p. 460) e sobre a força de trabalho agrícola total são baseados em uma estimativa oficial de 1980 publicada pelo OIT Laborista (2008). Essas porcentagens para a Nicarágua se aproximam das apresentadas por Baumeister (1992, p. 21): 28% para a área abrangida pela reforma e 22% para os beneficiários; 7) Peru: os dados da área abrangida pela reforma e os beneficiários são de McClintock (1981, p. 61); os dados sobre a área apta para a agricultura e pecuária são de Eckstein, Donald, Horton e Carroll (1978, Apêndice A) e sobre a força de trabalho no campo são de Thiesenhusen (1989b, p. 10-11); 8) Venezuela: os dados estatísticos sobre a área abrangida pela reforma, o número de beneficiários e a área cultivável total são de Eckstein, Donald, Horton e Carroll (1978, Apêndice A); os dados sobre a força de trabalho no campo são de Thiesenhusen (1989b, p. 10-1); 9) Panamá: Thiesenhusen (1989b, p. 10-11); 10) México: Eckstein, Donald, Horton e Carroll (1978: Apêndice A); 11) Colômbia: os dados da área coberta pela reforma e os beneficiários são de Zamosc (1987, p. 266-9); os dados sobre a área apta para a agricultura e pecuária foram obtidos somando-se os dados de Zamoc sobre a área distribuída entre 1970 e 1977 e a área cultivável registrada no censo agrário de 1970; os dados sobre a força de tra-

- "terra distribuída" refere-se à porcentagem de terras cultiváveis incluídas na reforma em relação ao total de terras cultiváveis disponíveis no país. A área total de terras cultiváveis exclui reservas públicas e áreas não agrícolas;
- "camponeses beneficiados" mede a porcentagem de famílias que se beneficiaram da reforma em relação à força de trabalho agrícola da nação;
- "anos de reforma" refere-se ao número de anos que se levou para implementar a principal fase da redistribuição fundiária. O indicador foi desenvolvido dividindo por 12 o número total de meses da reforma. O valor não inclui todas as atividades de reforma em cada país.[5] Em vez dis-

balho agrícola total são do censo de 1973, obtidos do OIT Laborista (2008); 12) Honduras: os dados da área coberta pela reforma e o número de beneficiários são de Brockett (1998, p. 94); os dados sobre a área apta para a agricultura e pecuária são de Stringer (1989, p. 364), e os dados sobre a força de trabalho agrícola são do censo de 1977, publicado pelo OIT Laborista (2008); 13) Equador: Thiesenhusen (1989b, p. 10-11); 14) Paraguai: Carter (2010), com base nas estatísticas do Instituto de Desarrollo Rural y Tierras (Indert); 15) República Dominicana: os dados da área coberta pela reforma e os beneficiários são de Stanfield (1985, p. 320-323); os dados sobre a área apta para a agricultura e pecuária e a força de trabalho no campo são de Thiesenhusen (1989b, p. 10-11); 16) Costa Rica: Thiesenhusen (1989b, p. 10-11); 17) Brasil: os dados da área coberta pela reforma e o número de beneficiários são baseados nas estatísticas do Dataluta (2008a); os dados sobre a área apta para agricultura e pecuária e força de trabalho agrícola são do censo agrário de 1995, IBGE (1996). Outras fontes consultadas para esta tabela incluem Ondetti (2008), El-Ghonemy (2001), Sobhan (1993) e Grindle (1986).

5 Alguns países estenderam seus programas de distribuição fundiária depois do período da principal reforma. No México, o ímpeto da reforma caiu na década de 1940, mas recuperou certa força nos anos 1960. Em 1970, a área coberta pela reforma no México representava 34,1% das terras cultiváveis totais, ao passo que os camponeses beneficiados representavam 66,2% das famílias rurais totais, segundo cálculos do autor com base em Eckstein, Donald, Horton e Carroll (1978, Apêndice A). Tanto El Salvador quanto a Nicarágua implementaram pequenos programas de redistribuição na década de 1990 que beneficiaram antigos insurgentes. No caso da Nicarágua, isto ocorreu durante uma reversão parcial da reforma agrária sandinista.

so, ele se concentra no período mais significativo de cada reforma. De modo geral, menos anos de reforma implicam um processo mais intenso de redistribuição fundiária;[6]

– "regime democrático" constata a existência ou não de uma democracia eleitoral, isto é, um regime político no qual as principais autoridades do governo nacional chegam ao poder e se mantêm no cargo por meio de eleições livres e competitivas.[7]

---

[6] Na maioria dos países, o período da reforma teve início com a introdução de uma lei de reforma agrária, ou alguma norma jurídica aprimorando a lei existente, ou através do anúncio oficial de um programa destinado a implementar essas reformas. As datas de início para os países a seguir são: México (5 de fevereiro de 1917), Guatemala (17 de junho de 1952), Bolívia (2 de agosto de 1953), Venezuela (19 de março de 1960), Colômbia (13 de dezembro de 1961, apesar de o processo ser computado a partir de janeiro de 1962), República Dominicana (27 de abril de 1964), Equador (11 de julho de 1964), Chile (28 de julho de 1967), El Salvador (6 de março de 1980), Brasil (27 de maio de 1985). O período da reforma na Costa Rica começa com a criação do Instituto de Tierras y Colonización (Itco), um órgão do governo criado para implementar a lei da reforma agrária de 1961. A reforma em Honduras ganhou força em meados de 1967, com a assunção de um reformista na direção do Instituto Nacional Agrário (INA) que decidiu implementar a lei da reforma agrária promulgada em 1962. A era da reforma no Paraguai teve início com a eleição do presidente Andrés Rodriguez, no dia 1º de maio de 1989, três meses após a queda do regime de Alfredo Stroessner. Todos os períodos de reforma concluem no final do ano indicado para cada país, com a exceção de: Guatemala, que termina em 27 de junho de 1954, com a deposição do governo de Jacobo Arbenz; Chile, que termina em 11 de setembro de 1973, com o golpe militar contra o governo de Salvador Allende; e El Salvador, o qual fechou seu período de reforma em junho de 1984, ao final do mandato legal para sua reforma. Para os efeitos dessa pesquisa, foram computados como um mês de reforma os casos com mais da metade dos dias de um mês.

[7] As classificações de regime apresentadas na tabela baseiam-se em Smith (2005, p. 347-353) e Mainwaring, Brinks e Pérez-Liñán (2007, p. 157-160). As democracias políticas têm poucas chances de instituir uma alteração revolucionária da estrutura agrária. As garantias constitucionais e os mecanismos do Estado de Direito diminuem a possibilidade de realizar extensas transformações. Mesmo assim, a variedade de opções disponíveis sob este regime político pode ser ampla.

Referências

AKRAM-LODHI, A. Haroon; BORRAS Jr., Saturnino M.; KAY, Cristóbal. *Land, poverty and livelihoods in an era of globalization*: Perspectives from developing and transition countries. London: Routledge Press, 2007.

BASSET, Thomas J.; CRUMMEY, Donald E. (eds.). *Land in african agrarian systems*. Madison: The University of Wisconsin, 1993.

BERMEO, Nancy G. "The revolution within the revolution: worker's control", *in*: *Rural Portugal*. Princeton: Princeton University Press, 1986.

BROCKETT, Charles. "Land power and poverty: agrarian transformation and political conflict", *in: Central America*. Boulder: Westview Press, 1998.

COLBURN, Forrest D. (ed.). *Everyday forms of peasant resistance*. Armonk: M. E. Sharpe, 1989.

DE JANVRY, Alain. *The agrarian question and reformism in Latin America*. Baltimore: The Johns Hopkins University Press, 1981.

______; GORDILLO, Gustavo; PLATEAU, Jean-Philipp; SAUDOLET, Elisabeth (eds.). *Access to land, rural poverty, and public action*. Oxford: Oxford University Press, 2001.

DESAI, A. R. *Agrarian Struggles in India After Independence*. New Delhi: Oxford University Press, 1986.

DORNER, Peter. *Latin American land reforms in theory and in practice*: A Retrospective Analysis. Madison: The University of Wisconsin Press, 1992.

ECKSTEIN, Shlomo; DONALD, Gordon; HORTON, Douglas; CARROLL, Thomas. Land Reform in Latin America: Bolivia, Chile, Mexico, Peru, and Venezuela. *World Bank Staff Working Paper,* n. 275. Washington DC: The World Bank, 1978.

FOX, Jonathan (ed.). *The challenge of rural democratization*: Perspectives from Latin America and the Philippines. London: Frank Cass, 1990.

GHIMIRE, Krishna B. (ed.). *Land Reform & Peasant Livelihoods*: The social dynamics of rural poverty & agrarian reform in developing countries. London: The Cromwell Press Limited, 2001.

GRINDLE, Merilee S. *State and Countryside*: Development policy and agrarian politics in Latin America. Baltimore: The Johns Hopkins University Press, 1986.

HANDELMAN, Howard. *The politics of agrarian change in Asia and Latin America*. Bloomington: Indiana University Press, 1981.

HOOGLUND, Eric J. *Land Revolution in Iran*, 1960-1980. Austin: University of Texas Press, 1982.

INAYATULLAH (ed.). "Land Reform: Some Experiences" *in*: *Asia,* v. IV. Kuala Lumpur: Asian and Pacific Development Administration Centre, 1980.

KAY, Cristobal. "Latin America's Agrarian Reform: lights and shadows". *Land Reform, Land Settlements and Cooperatives*, n. 2, 1998.

KING, Russell. *Land reform*: a world survey. Boulder: Westview Press, 1977.

______. *Land reform*: the Italian experience. London: Butterworth, 1973.

MAINWARING, Scott; BRINKS, Daniel; PÉREZ-LIÑÁN, Anibal. "Classifying political regimes", *in: Latin America*, 1945-2004.

MENJIVAR, Rafael. *Reforma agraria*: Guatemala, Bolivia, y Cuba. San Salvador: Editorial Universitaria de El Salvador, 1969.

MONTGOMERY, John D. *International dimensions of land reform*. Boulder: Westview Press, 1984.

MUNCK, Gerardo L. (ed.). "Regimes and Democracy", *in*: *Latin America*: Theories and Methods. Oxford: Oxford University Press, 2007.

PAIGE, Jeffrey M. "Agrarian Revolution: social movements and export agriculture" *in*: *The Undeveloped World*. New York: The Free Press, 1975.

PAUSEWANG, Siegfried. *Peasants, Land and Society:* a social history of land reform in Ethiopia. München und Köln: Weltforum-Verlag, 1983.

PROSTERMAN, Roy L.; RIEDINGER, Jeffrey M. *Land Reform and democratic development*. Baltimore: The Johns Hopkins University Press, 1987.

RIEDINGER, Jeffrey M. *Agrarian Reform in the Philippines*: Democratic transitions and redistributive reform. Stanford: Stanford University Press, 1995.

ROSSET, Peter; PATEL, Raj; COURVILLE, Michael (eds.). *Promised Land*: competing visions of agrarian reform. Oakland: Food First Books, 2006.

SOBHAN, Rehman. *Agrarian reform and social transformation*: preconditions for development. London/New Jersey: Zed Books, 1993.

SMITH, Peter H. *Democracy in Latin America: political change in comparative perspective*. New York/Oxford: Oxford University Press, 2005.

SWINNEN, Johan F. M. (ed.). *Political Economy of Agrarian Reform in Central and Eastern Europe*. Aldershot: Ashgate, 1997.

THAKUR, D. *Politics of Land Reforms in India*. New Delhi: Commonwealth Publishers, 1989.

THIESENHUSEN, William C. "Introduction: searching for agrarian reform in Latin America", *in:* _____ (ed.). *Searching for Agrarian Reform in Latin America*. Boston: Unwin Hyman, 1989b.

______. *Broken Promises*: Agrarian Reform and the Latin American Campesino. Boulder: Westview Press, 1995.

WILLIAMS, Donald C. "Measuring the impact of land reform policy in Nigeria", *in*: *The Journal of Modern African Studies*, 1992.

WOLF, Eric. *Peasant wars of the twentieth century*. New York: Harper & Row, 1973.

ZAMOSC, León; MARTÍNEZ, Estela; CHIRIBOGA, Manuel (eds.). *Estructuras agrarias y movimientos campesinos en América Latina*, 1950-1990. Madrid: Ministerio de Agricultura, Pesca y Alimentación, 1997.

PARTE I

REFORMAS AGRÁRIAS CLÁSSICAS

A REFORMA AGRÁRIA NOS EUA

JOÃO PEDRO STEDILE

Uma síntese histórica

Discutir a reforma agrária nos Estados Unidos exige, em perspectiva histórica, remetê-la aos processos sociais mais amplos que marcam o desenvolvimento do capitalismo naquele país na década de 60 do século XIX. No interior das disputas entre as próprias classes dominantes em torno de questões como a escravidão e o território, o início da década foi marcado pela instalação da Guerra Civil dos Estados Unidos, também conhecida como "Guerra de Secessão". Com duração de quatro anos, entre 1861 e 1865, esta Guerra teve como ponto de partida a declaração de secessão de estados escravagistas que constituíram, em conjunto, os Estados Confederados da América. A Guerra foi polarizada entre a "União" (parte Norte) e a "Confederação" (parte Sul). A "Confederação" opunha-se à proposta abolicionista então vocalizada pela burguesia industrial, representada pelo republicano Abraham Lincoln (1809-1865), eleito presidente em 1860 e um dos principais comandantes da "União" durante a guerra na qual saíram vitoriosos.

Em 1862, Abraham Lincoln aprovou a Lei da Propriedade Rural (em inglês, *Homestead Act*). Sancionada depois de longos debates durante vários anos, e aprovada no congresso por 117 votos contra apenas 16, esta lei dava garantias jurídicas de acesso à terra aos cidadãos e famílias que vivessem nos Estados Unidos. Trata-se de um elemento histórico central neste debate. Até essa data, o território do país em guerra encontrava-se dividido em três partes largamente distintas: Norte, Sul e Oeste.

Geograficamente, a região Norte correspondia ao Nordeste do país. Era a região industrializada, sobretudo na Zona de Chicago e em Nova York. Observado o panorama agrícola, predominava ali, num clima frio e de solo rochoso, uma agricultura de pequena escala desenvolvida por famílias migrantes, em geral camponeses pobres originários da Irlanda e da Escócia. Estes trabalhadores haviam sido expulsos de seus países de origem em função do desenvolvimento capitalista. Na nova realidade que passaram a enfrentar, considerando o contato que já possuíam com a lógica industrial, essas famílias dedicaram-se à produção de alimentos para abastecer as cidades. Ao desenvolver o capitalismo na agricultura, tratava-se, ilustrativamente, de uma expressão análoga à Via Prussiana, descrita por Karl Kautsky.

A região Sul, por sua vez, era dominada pela forma de produzir da *Plantation*, ou seja, grandes fazendas, com trabalho escravo e dedicadas a produtos especializados e para exportação, em especial tabaco, cana-de-açúcar e algodão.

Já a região Oeste era praticamente despovoada, ora em relação às suas dimensões, ora em comparação às demais regiões, que já possuíam inclusive grandes cidades. Havia ali, também, populações indígenas, dispersas e que ainda eram nômades, em função das estações do ano e para fugir do inverno na busca de alimentos.

Num período em que o capitalismo dá saltos sequenciais e de monta na consolidação da lógica da "grande indústria", essa situação histórica particular impedia o desenvolvimento do capitalismo industrial em todo território. A rigor, esta é uma das principais determinações desencadeadoras de Guerra Civil.

É em função dela que a fração industrial da burguesia concentrada na região Norte, com força econômica e domínio político significativos, desencadeia a guerra civil contra os escravocratas do Sul e uma guerra não declarada às populações indígenas do Oeste. Ao fim da guerra, o total de mortos em confronto atingiu aproximadamente 500 mil; massacrou e destruiu, além disso, milhões de "peles-vermelhas", modo como os brancos chamavam as populações nativas. Resultado: com a vitória político-militar da "União", ou seja, da burguesia industrial, abriram-se então imensas possibilidades de expansão do capital para o Sul e para o Oeste.

Neste sentido, a *Homestead Act* destinou-se a cumprir o objetivo primário de expandir relações tipicamente capitalistas, valendo-se, para tanto, da distribuição fundiária "democrática", na qual as famílias dos Estados Unidos tinham o direito a ter terras das regiões agora libertas pelo capital e consideradas terras públicas. Cada família tinha o direito de ter 160 acres de terra, equivalentes a 67 hectares, nem mais nem menos, tudo isto em conformidade com o seguinte plano de fundo: desenvolver uma produção agrícola associada e subordinada à indústria do Norte.

Ao mesmo tempo, o Estado financiava e estimulava o crédito bancário para que as famílias adquirissem os insumos necessários, desde as ferramentas, máquinas, sementes etc. Esta política se complementava com a implantação de uma imensa malha ferroviária do Leste para o Oeste, que garantia o escoamento de insumos do leste industrial para abastecer as *farms*,[1] e trazia as mercadorias agrícolas produzidas. Ao mesmo tempo, ainda,

---

1 *Farm* significa um trato de terra destinado à produção agrícola. O termo mais próximo na língua portuguesa seria estabelecimento ou exploração agrícola, em oposição a imóvel. O termo fazenda não é correto, pois as terras ocupadas por uma *farm* não são necessariamente extensas e nem de propriedade do *farmer*. Este pode ser arrendatário, parceiro ou proprietário das terras da *farm*.

implantava-se uma rede bancária, que atingiu mais de 9 mil bancos diferentes, em todo território. Assim, ao comprarem todos os insumos, e assumirem dívidas no mercado, os agricultores se obrigavam necessariamente a produzir mercadorias agrícolas para serem vendidas e, com isso, pagarem seus compromissos.

Se tal explicação revela a natureza econômica da movimentação da burguesia industrial, no plano da política seu objetivo consistia em povoar todo o território e garantir sua expansão. Numa apreensão mais ampla da *Homestead Act*, esta funcionava como uma espécie de direito a ocupar a terra para moradia, condicionando, porém, sua posse e seu uso.

Entre 1862 e 1904, foram distribuídos e demarcados 60 milhões de hectares de terras (o equivalente ao tamanho do estado de Minas Gerais) considerados terras públicas federais. Beneficiaram cerca de 1 milhão de famílias, nas regiões Oeste e Sul do país. Em contrapartida, parte das terras transformou-se também em terras públicas estaduais, de acordo com a autonomia jurídica dos estados federados que formaram, então, os Estados Unidos da América. E os governos estaduais teriam destinado 120 milhões de hectares de terras públicas para colonos e empresas de ferrovia, para compensar sua construção. A lei destinou também milhares de hectares de terras para implantação de colégios agrícolas, de nível médio e superior ao longo de todo território.[2] Autorizava que tais colégios agrícolas vendessem parte das terras recebidas para o financiamento de suas atividades e de sua infraestrutura. Assim se implantaram escolas técnicas agrícolas por todo país, desenvolvendo a ciência, tecnologias apropriadas para cada região e realizando a extensão rural com os agricultores da região. Oportunizou, além disso, que os filhos dos *farmers*

---

[2] Cf. "A trajetória do mundo agrário estadunidense", texto de Reginaldo de Moraes e Maitá de Paula e Silva, nesta coletânea.

pudessem estudar agricultura na sua região. O sucesso foi tão grande que mais tarde, na década de 1900, quando da criação do Ministério da Agricultura de todo país, um dos diretores de colégio agrícola foi o primeiro a ocupar a pasta ministerial, então marcada por um desempenho desenvolvimentista para o setor.

No plano formal, todas as famílias que quisessem trabalhar na terra, fixar residência sobre elas e tivessem cidadania estadunidense tinham acesso a esse direito de 67 hectares. E passaram a ter a propriedade privada sobre eles, reconhecida pelo Estado. Por conta dessas características, a *Homestead Act* ficou também conhecida como uma lei de reforma agrária clássica, ainda que não tivesse este nome.

Contudo, os beneficiários passaram a ser reconhecidos como *farms*, uma nova e singular categoria de agricultores. Estes não eram capitalistas, uma vez que não acumulavam capital nem contratavam força de trabalho assalariada. Ao mesmo tempo, não eram típicos camponeses, originários do feudalismo, ou de outras formas pré-capitalistas da Europa, que produziam primeiro para subsistência e vendiam somente o excedente. Tampouco eram trabalhadores rurais típicos. Os *farms* correspondem, sim, a um modo particular de existência de pequenos proprietários rurais na realidade dos Estados Unidos. Toda a família trabalhava na agricultura, e eles eram, em sentido amplo, bastante integrados ao mercado.

Decálogo da reforma agrária clássica nos Estados Unidos

Seguem resumidamente alguns elementos desta experiência de reforma agrária clássica nos Estados Unidos. Suas características fundamentais são as seguintes:

1. distribuição democrática de todas as terras públicas, garantindo 67 hectares a todos que quisessem trabalhar, de forma gratuita;

2. autoaplicação da lei pelas próprias famílias que quisessem ocupar essas terras;
3. condicionava a legalização (documentos) *a posteriori*, desde que cada família morasse no local e produzisse durante cinco anos;
4. não dependia de nenhuma estrutura burocrática do recém-formado Estado nacional;
5. a distribuição de terras estava combinada ao estímulo à produção de mercado, viabilizada pelo financiamento bancário e pela rede de transportes ferroviários, em todo o país;
6. a ocupação e produção na terra atendiam às necessidades da indústria nacional;
7. o processo de distribuição e ocupação foi relativamente rápido (30 anos) e massivo, uma vez que milhões de famílias tiveram acesso à terra;
8. conjugou-se a distribuição de terras à implantação de centenas de escolas técnicas agrícolas, que desenvolveram ciência, tecnologias adequadas aos biomas locais, estimularam o fomento agrícola e criaram oportunidades de estudo aos filhos dos agricultores;
9. incentivo ao trabalho familiar (daí a expressão *farmers*);
10. garantiu o acesso à terra por parte das famílias de antigos trabalhadores escravizados do Sul.

Estima-se que 800 mil famílias se transformaram em *farmers*, ainda que outros tantos tenham migrado para as cidades.

Relação com a questão agrária no Braisl

Para um leitor em busca de maior aprofundamento, a professora Emília Viotti da Costa, em seu livro *Da Monarquia à República: momentos decisivos* (1998), dedica o capítulo 4 à comparação da política de terras nos Estados Unidos e no Brasil. No contexto brasileiro, há uma imposição por dom Pedro II, em 1850, com a promulgação da Lei de Terras, que excluiu pobres e escravos do acesso à terra. Enquanto isso, a política do governo dos Estados Unidos, com a *Homestead Act* de 1862 (período histórico próximo à Lei de Terras no Brasil), ensejou a democratização da propriedade da terra, garantindo o direito de 67 hectares de terra a todos que nela quisessem trabalhar.

Também sugerimos a leitura de longo ensaio de Wladimir Pomar na apresentação da edição brasileira de *O desenvolvimento do capitalismo da agricultura dos Estados Unidos*, de Lenin. O autor procura refletir sobre as lições e características daquele processo à luz da questão agrária brasileira. Portanto, recomenda-se também seu estudo, para aprofundamento do tema.

O DESENVOLVIMENTO DO CAPITALISMO NA AGRICULTURA DOS ESTADOS UNIDOS[1]

VLADIMIR I. LENIN

Característica geral das três regiões principais. O Oeste em processo de colonização e os *homesteads*[2]

A gigantesca superfície ocupada pelos Estados Unidos, pouco inferior à da Europa, e a enorme diversidade das condições de exploração reinantes nas diferentes partes do país, obrigam a estudar separadamente as principais regiões, essencialmente heterogêneas por sua situação econômica. Em 1900, as estatísticas americanas

1 Extraído de *O desenvolvimento do capitalismo na agricultura norte-americana*. Trata-se de um texto que só teve uma edição no Brasil (Editora Brasil Debates, 1980) e que aqui reproduzimos somente um trecho mais dedicado às características históricas da relação entre desenvolvimento capitalista e agricultura nos Estados Unidos. Ainda que seu objeto de estudo não seja o processo de distribuição de terras, Lenin estava preocupado em analisar como as leis fundamentais do capitalismo, a forma mercadoria, a taxa de lucro, a exploração do trabalho etc. levariam necessariamente a uma concentração da propriedade, das unidades de produção, e com isso à destruição do modelo dos farms, o surgimento de grandes propriedades mais tecnificadas e a expansão do trabalho assalariado no campo – o que de fato veio a acontecer com força e velocidade impressionantes com a crise capitalista no trânsito entre as décadas de 1920-1930. Podemos apreender, do texto do Lenin, as primeiras estatísticas sobre esse desenvolvimento nas três regiões, entre 1900-1910.

2 *Homestead* (*Home* = lar + *stead* = lugar), terras doadas ou vendidas a preço simbólico pelo governo estadunidense a colonos no oeste do país. Embora os *homesteads* fossem concedidos anteriormente, a lei que os regulamentou – *"Homesteads Act"* – data de 1862, e garantia 65 hectares a cada família.

dividiam o país em cinco regiões; em 1910, em nove: 1) Nova Inglaterra, isto é, os seis Estados do Nordeste, na costa do oceano Atlântico (Maine, New Hampshire, Vermont, Massachusetts, Rhode-Island e Connecticut); 2) Médio Atlântico (Nova York, Nova Jersey e Pensilvânia) – em 1900, estas duas regiões formavam juntas o "Atlântico Norte"; 3) Nordeste Central (Ohio, Indiana, Illinois, Michigan e Wisconsin); 4) Noroeste Central (Minnesota, Iowa, Missouri, Dakota do Norte, Dakota do Sul, Nebraska e Kansas) – em 1900, estas duas regiões formavam juntas o "Centro Norte"; 5) Atlântico Sul (Delaware, Maryland, Distrito de Colúmbia, Virgínia e Virgínia Ocidental, Carolina do Norte, Carolina do Sul, Geórgia e Flórida), mesma região que em 1900; 6) Sudeste Central (Kentucky, Tennessee, Alabama e Mississippi); 7) Sudoeste Central (Arkansas, Oklahoma, Louisiana e Texas) – estas duas regiões, em 1900, correspondiam ao "Centro Sul"; 8) Montanhas (Montana, Idaho, Wyoming, Colorado, Novo México. Arizona, Utah e Nevada); 9) Pacífico (Washington, Oregon e Califórnia) – em 1900, estas duas regiões formavam o "Oeste".

Mapa 1 – Divisão geográfica dos Estados Unidos em regiões[3]

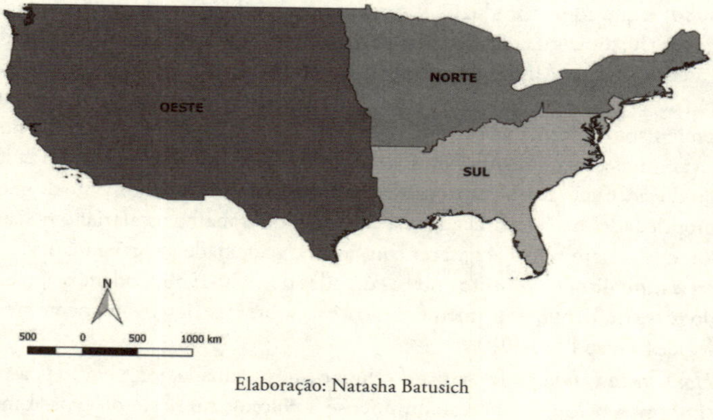

Elaboração: Natasha Batusich

3 Não consta no original. Incluído nesta edição brasileira com fins ilustrativos (N.E.).

O número excessivo dessas divisões levou os estatísticos dos Estados Unidos, em 1910, a dividirem o país em três grandes regiões: O Norte (1-4), o Sul (5-7), e o Oeste (8-9). Veremos que esta divisão em três regiões principais é realmente muito importante e essencial, ainda que aí, como em todas as coisas, existam evidentemente tipos intermediários e seja necessário considerar à parte a Nova Inglaterra e o Médio Atlântico quanto a certas questões fundamentais.

Para caracterizar as diferenças essenciais das três regiões principais, podemos denominá-las: o Norte industrial, o antigo Sul escravista e o Oeste em processo de colonização.

Eis os dados relativos às superfícies, percentual de terras cultivadas e população:

Tabela 1 – Terras cultivadas e população nos Estados Unidos em 1910

Regiões	Superfície total (em milhões de acres*)	Percentual de terras cultivadas	População (em milhões)
Norte	588	49%	56
Sul	562	27%	29
Oeste	735	5%	7
Estados Unidos (total)	1.903	25%	92

* Um acre corresponde a 0,405 hectare.

O Sul e o Norte possuem aproximadamente a mesma superfície; o Oeste é quase uma vez e meia mais extenso que cada um deles. Mas a população do Norte é oito vezes mais numerosa que a do Oeste. Pode-se afirmar que o Oeste é quase despovoado. Contudo, a rapidez com que se realiza seu povoamento é evidenciada pelo fato de que em dez anos, de 1900 a 1910, a população aumentou em 18% no Norte, 20% no Sul, e 67% no Oeste! No Norte, o número de *farms* quase não aumentou: 2,874 milhões em 1900 e 2,891 milhões em 1910 (+0,6%); no Sul cresceu em 18%, passando de 2,6 a 3,1 milhões; no Oeste cresceu em 54%, isto é, mais de uma vez e meia, passando de 243 mil a 373 mil.

A forma sob a qual se realiza a ocupação de terras no Oeste é indicada pelos dados sobre os *homesteads* (lotes de terra de 160 acres, em sua maioria, ou seja, cerca de 65 hectares, distribuídos pelo governo a título gratuito ou contra um pagamento nominal). Em dez anos, de 1901 a 1910, a superfície das *homesteads* ocupadas elevou-se, no Norte, a 55,3 milhões de acres (dos quais 54,3 milhões, ou seja, mais de 98%, em uma única região, a saber, o Noroeste Central); no Sul, a 20 milhões de acres (dos quais 17,3 milhões em uma única região: o Sudoeste Central); e no Oeste a 55,3 milhões de acres, nas duas regiões que o compõem. O que significa que o Oeste é, essencialmente, uma região de *homesteads*, ou seja, uma região de distribuição gratuita de terras não ocupadas; o que recorda o direito de exploração do solo pelo primeiro ocupante, tal como ele é praticado nas regiões periféricas afastadas da Rússia, com a diferença de que ele não é regulamentado por um Estado feudal, mas de uma forma democrática (eu deveria dizer: populista; a república estadunidense[4] colocou em prática, à maneira capitalista, a ideia "populista" da distribuição de terras não ocupadas a todos que as desejem). Quanto ao Norte e ao Sul, o que existe, nos dois casos, é uma única região de *homesteads,* que constitui uma espécie de tipo intermediário entre o Oeste despovoado e o Sul e o Norte povoados. Notemos, a propósito, que somente em duas regiões do Norte não foi concedida *homestead* alguma durante o último decênio: a Nova Inglaterra e o Médio Atlântico. Voltaremos mais adiante

---

[4] No original, o termo seria americana. Substituímos todas as ocorrências por entender que Lenin e os demais autores estavam se referindo aos Estados Unidos exclusivamente. (N. E.).

a estas duas regiões, as mais industriais, e onde o processo de colonização já cessou completamente.

As cifras que citamos sobre as *homesteads* ocupadas se referem aos pedidos de inscrição, e não de lotes definitivamente ocupados; sobre estes últimos, não dispomos de dados por região. Contudo, ainda que os números citados estejam superestimados em seu valor absoluto, eles refletem com exatidão, qualquer que seja a situação, a relação entre as regiões. No Norte, em 1910, existiam 414 milhões de acres ocupados por *farms*, de sorte que as *homesteads* declaradas durante estes últimos dez anos representavam aí aproximadamente 1/8 da superfície total, cerca de 1/17 (20/354) no Sul, a metade (55/111) no Oeste! É óbvio que considerar em bloco os dados relativos a regiões onde praticamente ainda não existe propriedade da terra, de um lado, e de outro, regiões onde todas as terras estão ocupadas, constituiria uma caricatura dos métodos científicos de investigação.

A América confirma, com evidência particular, a verdade ressaltada por Marx no livro III de *O capital*,[5] a saber, que o capitalismo na agricultura não depende das formas de propriedade e usufruto da terra. O capital encontra as mais diversas formas de propriedade medieval e patriarcal da terra: a propriedade feudal, a propriedade de camponeses dependentes, a de clã, a comunal, a estatal etc. O capital faz pesar seu jugo sobre todas estas formas de propriedade fundiária empregando uma variedade de meios e métodos. Para que a estatística agrícola fosse feita de forma inteligente e sensata, seria preciso modificar seus métodos de investigação, seus modos de tabulação, classificação etc., em função das formas de penetração do capitalismo na agricultura, colocando as *homesteads*, por exemplo, numa categoria à parte, e acompanhando seu destino

5 Marx, K. *O capital*, t. 111, 1955, edição russa, p. 627-652.

econômico. Infelizmente, a rotina, a repetição estereotipada e sem sentido dos mesmos métodos predominam com muita frequência na estatística.

Para verificar em que medida a agricultura do Leste é extensiva em relação a outras regiões, basta citar as cifras relativas ao montante das despesas com adubos artificiais. Em 1909, para cada acre de terra cultivada, estas despesas se elevavam no Norte a 13 *cents* (0,13 dólar), no Sul a 50 *cents*, e no Oeste a apenas 6 *cents*. A superioridade do Sul explica-se pelo fato de a cultura do algodão exigir grande quantidade de adubo e ocupar aí um lugar proeminente: o algodão e o tabaco representam 46,8% do valor de todos os produtos agrícolas; os cereais, 29,3% apenas; o feno e as forragens, 5,1%. No Norte, ao contrário, os cereais ocupam o primeiro lugar com 62,6%, e logo após vêm o feno e as forragens com 18,8%, predominando as forragens artificiais. No Oeste, os cereais representam, em valor, 33,1% de todos os produtos agrícolas; o feno e as pastagens, 31,7%, sendo que as pastagens naturais predominam sobre as forragens artificiais. As frutas representam 15,5%; elas constituem um ramo particular da agricultura mercantil, que se desenvolve com rapidez nas costas do Oceano Pacífico.

O Norte industrial

No Norte, a população urbana atingia, em 1910, a percentagem de 58,6% contra 22,5% no Sul e 48,8% no Oeste. O papel da indústria revela-se nos seguintes dados:

O valor total dos produtos agrícolas está aqui superestimado, pois certos produtos da agricultura, como a forragem do gado, são computados uma segunda vez no valor dos produtos da pecuária. Mas, de qualquer forma, chega-se à conclusão incontestável de que cerca de 5/6 da indústria americana está concentrada no Norte, e que nesta região a indústria predomina sobre a agricultura. O Sul e o Oeste, ao contrário, possuem um caráter essencialmente agrícola.

Tabela 2 – Panorama relativo aos valores obtidos na indústria e na agricultura (1910)

	Agricultura (em milhões de dólares)	Pecuária	Total	Da indústria, deduzindo o valor das matérias-primas	Números de operários na indústria (em milhões)
Norte	3,1	2,1	5,2	6,9	5,2
Sul	1,9	0,7	2,6	1,1	1,1
Oeste	0,5	0,3	0,8	0,5	0,3
Estados Unidos (total)	5,5	3,1	8,6	8,5	6,6

Como revelam as cifras citadas, o Norte distingue-se do Sul e do Oeste por um desenvolvimento industrial bem mais acentuado, que criou um mercado para a agricultura e determina uma intensificação desta última. Mas o Norte "industrial" – tomando esta palavra na acepção indicada – não deixa de ser também o principal produtor de produtos agrícolas. Mais da metade de toda a produção agrícola, aproximadamente 3/5, está aí concentrada. É possível verificar como a agricultura é mais intensiva no Norte que nas outras regiões a partir das seguintes cifras, referentes ao valor do conjunto dos bens agrícolas – terras, construções, instrumentos e máquinas, gado – por acre de terra: no Norte, em 1910, este valor se elevava a 66 dólares, contra 25 no Sul e 41 no Oeste. Em particular, o valor dos instrumentos e das máquinas por acre de terra era de 2,07 dólares no Norte, 0,83 no Sul e 1,04 no Oeste.

Deve-se considerar à parte, sob este aspecto, as regiões da Nova Inglaterra e do Médio Atlântico. Como dissemos, aí não existe colonização. De 1900 a 1910, o número de *farms* diminuiu em termos absolutos, bem como a superfície cultivada e a superfície total ocupada por elas. Segundo as estatísticas de emprego, somente 10% da população está ocupada na agricultura, contra 33% em média para o conjunto dos Estados Unidos, 25 a 41% nas outras regiões do Norte, e 51 a 63% no Sul. A cultura de cereais ocupa apenas de 6 a 25% da terra cultivada (média para os Estados Unidos: 40%, para o Norte: 46%); as forragens (na maioria, artificiais), 29 a 52% (contra 15 e 18%); os legumes, de 3,8 a 4,6% (contra 1,5% e 1,5%). Esta é a região onde a cultura é mais intensiva. A despesa média com adubos, por acre de terra cultivada, em 1909, elevava-se a 1,30 e 0,62 dólares; o primeiro número representa a despesa máxima, o segundo só é superado por uma única região do Sul. O valor médio dos instrumentos e máquinas por acre de terra cultivada é de 2,58 e 3,88 dólares, cifras máximas para os Estados Unidos. No curso de nossa exposição, veremos que estas regiões mais industrializadas do Norte industrial, que se distinguem pela agricultura mais intensiva, diferenciam-se igualmente pelo caráter mais capitalista da agricultura.

O antigo Sul escravista

Os Estados Unidos, escreve o sr. Guimmer, "nunca conheceram o feudalismo e ignoram suas sobrevivências econômicas". Afirmação absolutamente contrária à verdade, pois as sobrevivências econômicas do escravismo não se distinguem em nada das do feudalismo, e são ainda mais fortes, até o presente, no antigo Sul escravista dos Estados Unidos. Não valeria a pena deter-se no erro do sr. Guimmer se fosse possível considerá-lo como um mero erro de um artigo escrito às pressas. Mas a literatura liberal e a literatura populista da Rússia provam que, no tocante ao sistema russo de pagamento em trabalho (nossa sobrevivência do feudalismo), comete-se sistematicamente um "erro" absolutamente idêntico e com uma extraordinária persistência.

O Sul dos Estados Unidos foi escravista até que a guerra civil de 1861-1865 extinguisse a escravidão. Até o presente, o número de negros, que não ultrapassa 0,7 a 2,2% da população das regiões Norte e Oeste, representa 22,6 a 33,7% do total da população no Sul. A proporção de negros é de 10,7% para o conjunto dos Estados Unidos. É inútil falar da situação degradante a que são submetidos: sob este aspecto, a burguesia americana não é melhor que a de outros países. Após haver "libertado" os negros, ela se esforçou, com base no capitalismo "livre" e republicano-democrático, por restabelecer tudo o que fosse possível ser restabelecido, por fazer o possível e o impossível para oprimir os negros da maneira mais descarada e vil. Para caracterizar seu nível cultural, basta mencionar um pequeno fato estatístico. Enquanto o número de analfabetos entre a população branca dos Estados Unidos (com idade acima de 10 anos) elevava-se, em 1900, a 6,2% da população, para os negros esta percentagem era de 44%! Superior em mais de sete vezes! No Norte e no Oeste, existiam 4 a 6% de analfabetos (em 1900); no Sul, 22,9 a 23,9%! É fácil imaginar o complexo de relações jurídicas e sociais correspondente a este vergonhoso fato pertencente ao domínio da instrução pública.

Sobre que base econômica cresceu e repousa esta simpática "superestrutura"? Sobre uma base tipicamente russa, "cem por cento russa", a do sistema de pagamento em trabalho, ou, mais precisamente, da parceria.

O número de *farms* pertencentes aos negros, em 1910, alcançava 920.883, ou seja, 14,5% do total. Do número total de *farmers,* 37% era de arrendatários e 61,1% de proprietários; o 0,9% das *farms* restante estava em mãos de administradores. Entre os brancos, a percentagem de arrendatários é de 39,2%, enquanto entre os negros ela é de 75,3%! Na América, o *farmer* branco típico é aquele que é dono de sua terra, e o *farmer* negro típico é o arrendatário. No Oeste, a percentagem de arrendatários não ultrapassa 14%: é a região de colonização, a região das terras novas, livres, o Eldorado (um Eldorado efêmero e frágil) do pequeno "agricultor independente". No Norte, a percentagem de arrendatários é de 26,5%; no Sul, de 49,6%! A metade dos *farmers* do Sul são arrendatários.

Mas isto não é tudo. Não tratamos aqui de arrendatários no sentido europeu, civilizado, capitalista e moderno da palavra. Estamos sobretudo na presença de parceiros semifeudais, ou de uma "espécie de semiescravos", o que é a mesma coisa do ponto de vista econômico. No Oeste "livre", os parceiros constituem minoria entre os arrendatários (25 mil em 53 mil). No velho Norte, há muito povoado, em 766 mil arrendatários, 483 mil são parceiros, ou seja, 63%. No Sul, em 1,537 milhão de arrendatários, é possível enumerar 1,021 milhão de parceiros, isto é, 66%.

Na América livre, republicana e democrática, existiam, em 1910, 1,5 milhão de parceiros, dos quais mais de 1 milhão eram negros. E o número de parceiros em relação ao número total de *farmers* não se reduz, mas aumenta continuamente e com rapidez. Em 1880, seu percentual em relação ao número total de *farmers* dos Estados Unidos era de 17,5%: em 1890, de 18,4%; em 1900, de 22,2%; e em 1910, de 24,0%.

No Sul, [tais foram] as conclusões dos estatísticos estadunidenses sobre o recenseamento de 1910: "as condições foram sempre um pouco diversas daquelas do Norte, e muitas das *farms* de arrendatários fazem parte de plantações com importantes dimensões que datam de antes da guerra civil". No Sul,

> o sistema de exploração por meio dos arrendatários, sobretudo negros, substituiu o sistema de exploração através do trabalho de escravos. O desenvolvimento do sistema de arrendamento é particularmente acentuado no Sul, onde as grandes plantações, outrora cultivadas pelos escravos, foram muitas vezes divididas em

> pequenos lotes (parcelas), e alugadas a arrendatários... De fato, em muitos casos, estas plantações ainda são cultivadas como unidades agrícolas, pois os arrendatários são submetidos, até certo ponto, a uma vigilância que recorda mais ou menos aquela a que são submetidos os operários nas *farms* do Norte. (*op. cit.*, V, 102-104)

Para caracterizar o Sul, é preciso acrescentar ainda que sua população o abandona para dirigir-se a outras regiões capitalistas e às cidades, da mesma forma que, na Rússia, o campesinato foge das províncias agrícolas do Centro, as mais atrasadas e onde as sobrevivências da servidão são ainda muito fortes. Foge do poder dos Valiai-Markov para atingir as regiões mais capitalistas da Rússia, as capitais, as províncias industriais e o Sul (ver *O Desenvolvimento do Capitalismo na Rússia*). Tanto na América quanto na Rússia, a região onde predomina a parceria é a que apresenta o maior atraso, a maior degradação, a maior opressão das massas trabalhadoras. Os imigrantes que vêm para a América, e que desempenham um papel tão importante na economia do país e em toda a sua vida social, evitam o Sul. Em 1910, o percentual da população dos Estados Unidos nascida fora do país era de 14,5%. Mas no Sul este percentual era de apenas 1 a 4%, conforme a região, enquanto nas outras regiões do país nunca existiam menos de 13,9% e até 27,7% de imigrantes (Nova Inglaterra). O isolamento, a falta de cultura, a falta de ar fresco, uma espécie de prisão para os negros "libertados": tal é o Sul americano. A maior sedentarização da população, o maior "apego à terra": excetuando-se a região onde existe uma importante colonização (o Sudoeste Central), pode-se constatar que, nas duas outras regiões do Sul, 90-91% dos habitantes nasceram na própria região em que vivem, enquanto o conjunto da América esse percentual é de 72,6%, ou seja, a mobilidade da população é muito maior. E no Oeste, que é essencialmente uma região de colonização, apenas 35 a 41% dos habitantes nasceram na mesma região em que vivem.

Os negros fogem das duas regiões do Sul onde não existe colonização: no curso dos dez anos que separam os dois últimos recenseamentos, estas duas regiões forneceram aos outros setores do país cerca de 600 mil pessoas negras. Os negros fogem sobretudo para as cidades: no Sul, 77% a 80% dos negros vive no campo; nas outras regiões, apenas 8 a 32%. A semelhança da situação dos negros na América e dos camponeses "ex-servos de latifundiários" na Rússia agrícola do Centro é verdadeiramente surpreendente.

Tabelas estatísticas que caracterizam o desenvolvimento capitalista nas três regiões

Tabela 3 – Dimensão média das *farms* em acres

	No Sul		No Norte	
Anos	**Superfície média total**	**Superfície média cultivada**	**Superfície média total**	**Superfície média cultivada**
1850	332,1	101,1	127,1	65,4
1860	335,4	101,3	126,4	68,3
1870	214,2	69,2	117,0	69,2
1880	153,4	56,2	114,9	76,6
1890	139,7	58,8	123,7	87,8
1900	138,2	48,1	132,2	90,9
1910	114,4	48,6	143,0	100,3

Tabela 4 – Dados relativos à força de trabalho

Regiões	***Farms* que empregam operários em 1909 (%)**	**Crescimento dos gastos com força de trabalho 1899-1909 (%)**	**Gastos com força de trabalho por acre de terra cultivada (em dólares)**	
			1899	1909
Norte	55,1	+ 70,8	0,82	1,26
Sul	36,6	+ 87,1	0,69	1,07
Oeste	52,5	+ 119,0	2,07	3,25
Estados Unidos (total)	45,9	+ 82,3	0,86	1,36

Tabela 5 – Dados relativos à força de trabalho/2

	1900	1910	Crescimento (%)
Total de pessoas empregadas na agricultura	10.381.765	12.099.825	+ 16%
Número de *farmers*	5.674.875	5.981.522	+ 5%
Número de operários assalariados	2.018.213	2.566.966	+ 27%

Tabela 6 – Panorama do crescimento em relação ao conjunto da população, ao número de *farmers* e ao número de operários assalariados entre 1900 e 1910

Região	Do conjunto da população	Do número de *farmers*	Do número de operários assalariados
Norte	+ 3,9%	+ 0,6%	+ 40%
Sul	+ 14,8%	+ 18,2%	+ 50%
Oeste	+ 49,7%	+ 53,7%	+ 66%
Estados Unidos (total)	+ 11,2 %	+ 10,9%	+ 48%

Tabela 7 – *Farms* entre 1900 e 1910

Grupo de *farms*	Número de *farms* (em milhares)		% de *farms*		Crescimento ou redução (%)
	1900	1910	1900	1910	+ 1,5
Até 20 acres	674	839	11,7	13,2	+ 0,3
De 20 a 49 acres	1.258	1.415	21,9	22,2	- 1,2
De 50 a 99 acres	1.366	1.438	23,8	22,6	- 1,0
De 100 a 174 acres	1.422	1.516	24,8	23,8	+ 0,3
De 175 a 499 acres	868	978	15,1	15,4	+ 0,2
De 500 a 999 acres	103	125	1,8	2,0	-
Mais de 1.000 acres	47	50	0,8	0,8	-
Total	5.738	6.361	100,0	100,0	

A TRAJETÓRIA DO MUNDO AGRÁRIO ESTADUNIDENSE[1]

REGINALDO C. C. DE MORAES
MAITÁ DE PAULA E SILVA

Nota prévia: por que estudar o desenvolvimento agrário estadunidense?

Não respondemos a esta pergunta somente com a óbvia constatação de que há diversas semelhanças e contrastes reveladores entre Brasil e Estados Unidos. Ou por serem, ambos, países com exponencial produção e exportação de bens de origem agropecuária.

Há bem mais do que isso, desde logo. No século XX, por excelência o século estadunidense, a agricultura dos EUA determinou um padrão para grande parte do mundo. Sua cadeia agroalimentar, mais ainda. Além disso, se esse país é decisivo

---

[1] A primeira versão deste texto é de 2009, publicada em edição especial dos Cadernos do Centro de Estudos de Cultura Contemporânea (Cedec, n. 83, edição especial Cedec/Ineu). Os resultados de investigação aqui expostos pelos pesquisadores resultam de investigação muito mais ampla, realizada graças ao apoio do Instituto Interamericano de Cooperação para Agricultura (Iica) e do Núcleo de Estudos Agrários e Desenvolvimento Rural (Nead) do Ministério do Desenvolvimento Agrário. Reproduzimos, aqui, somente a primeira parte do texto, na qual os autores partem dos fundamentos da reforma agrária na experiência dos Estados Unidos, mas dedicam maior atenção à amplitude e qualidade das diversas políticas de Estado para o desenvolvimento da agricultura, que complementaram a visão de democratizar o acesso à terra como forma de expansão do capital industrial.

na história do mundo recente, o mundo pesa sobre os EUA: a cadeia agroindustrial tem papel relevante na definição de sua política comercial exterior, seja através de suas exportações, seja dos programas de ajuda. E, por aí, desempenha papel também relevante na definição de seus equilíbrios e desequilíbrios políticos domésticos.

Os problemas do mundo rural ianque antecipam, em escala e visibilidade marcantes, potencialidades e problemas que são e serão encontrados, guardadas as proporções, por outros países. Não somente os EUA são responsáveis por mais da metade das *commodities* agropecuárias negociadas internacionalmente, mas suas corporações transnacionais controlam uma boa parte da outra metade, aquela que é produzida e vendida pelos outros países. Somente isto já nos daria a importância do caso.

Repita-se: há mais do que isso, porém. A agricultura ianque impõe-se no mundo também pelo caráter pioneiro. Avançou num modo de organização que tem impacto no restante do Globo. Com isso, coloca diante de nós uma trajetória-padrão de soluções... e de problemas.

Não se trata de dizer que aquele país, como síntese da modernidade, antecipa a história dos demais, à moda das "fases de desenvolvimento" de Rostow. Nem que pretenda (ou realize, não deliberadamente) replicar-se em cada história nacional. A expansão ianque no mundo está longe das crenças da primeira teoria da modernização (a do imediato pós-guerra), a teoria da réplica. De fato, a expansão está mais próxima da ideia de integração e subordinação, não de réplica: o país está para os demais como um sol para o sistema. Alguns dos outros elementos do sistema talvez se configurem como estrelas (menores), outros como planetas ou satélites de planetas, alguns, ainda, como cometas e asteroides. É o sol, porém, que, em grande medida, destaque-se, dá luz, cor, forma e trajetória aos elementos do conjunto.

A indústria do mundo, no século XX, passou a ser compreendida a partir daquilo que no século XIX se tornou conhecido como "sistema americano de manufatura". A agricultura do mundo, idem. Como irmão maior e mais velho, o país pioneiro abre caminho e indica alguns dos traços dos irmãos mais jovens. Estes, por sua vez, não necessariamente reproduzem seu tamanho e todas as suas feições. Por vezes, o mais velho somente subordina e "integra" o comportamento dos mais jovens a suas inclinações, interesses, desejos e fobias.

É assim que encaramos o estudo da agricultura ianque e, mais do que isso, da cadeia agro-alimento-fibra que inclui elos a jusante e a montante da "fazenda". Fazemos uma leitura seletiva dessa experiência, destacando fatos estilizados que permitem sugerir muitas das potencialidades e problemas que serão encontrados nos demais países. Um desses fatos: a "industrialização" da agricultura, que decolou nos EUA, a seguir se expandiu e se replicou, em diferentes graus e com diferentes intensidades. Outro fato decisivo: a cadeia agroindustrial centrada nos Estados Unidos em grande medida subordina e integra os demais sistemas nacionais, desenhando suas possibilidades, seus limites, seus impasses.

Este texto sobre os EUA tem um caráter fundamentalmente introdutório e descritivo. Contudo, vai adiantando, progressivamente, alguns problemas mais complexos, que transcendem o "caso" americano – algo compreensível até pelo fato de que, enfatize-se, pela posição daquele país no sistema internacional, não há "caso" americano que deixe de transcender suas fronteiras. O texto foi elaborado, quase que integralmente, por Maitá de Paula e Silva, ainda que me caiba a pauta das questões e as referências básicas. Trabalhamos, basicamente, com fontes secundárias (literatura impressa e virtual).

Um esboço histórico[2]

Disposição do domínio público: especulação e limites para a agricultura

Durante a Guerra da Independência (1775-1783), foi estabelecido um sistema de livre posse da terra (em oposição a um sistema feudal) através de várias políticas de terras adotadas pelos Estados. Em vez de concentrar as terras em propriedades estatais, os Estados buscaram colocá-las nas mãos de indivíduos empreendedores bem como vendê-las em pequenos lotes e em condições favoráveis o mais rápido possível.

Os Estados Unidos adquiriram um domínio público nacional em 1784, quando o Congresso aceitou a cessão por parte da Virgínia de seus direitos sobre a maior parte das terras ao norte do rio Ohio. Cinco outros Estados seguiram a Virgínia na cessão, aos Estados Unidos, de seus direitos a terras "ocidentais". Entre 1802, quando a Geórgia cedeu seus direitos a terras ocidentais, e 1898, quando da anexação formal do Havaí, os EUA assumiram a sua forma física atual através de oito principais aquisições de território:

- o território da Luisiana, comprado da França em 1803;
- a Flórida, obtida em tratado com a Espanha em 1819;
- a república do Texas, anexada como Estado em 1845; tomado do México;

---

[2] O original deste texto é composto por duas partes: a primeira, "Um esboço histórico"; e a segunda, "Quadro das políticas para a agropecuária e para o mundo rural". Reproduzimos aqui, em correspondência aos objetivos da coletânea, apenas a primeira parte. (N. E.)

- o território do Oregon, anexado por tratado com a Grã-Bretanha em 1846;
- a cessão do México, conquistada através de conquista militar sobre o México, em 1848;
- a compra Gadsden, obtida do México em 1853;
- a compra do Alaska, adquirido da Rússia em 1867;
- a anexação do Havaí, ratificada em 1898.

Em 1853, com a compra Gadsden, o território continental dos EUA cobria uma área de 1,9 bilhão de acres (aproximadamente 800 milhões de hectares), 72% dos quais era domínio público. Embora mais de dois terços das terras ainda fosse de domínio público em 1853, muitas decisões sobre a sua disposição já tinham sido tomadas.

Dois pontos de vista diferentes emergiram sobre a melhor forma de distribuição das terras. Advogados de uma "visão conservadora" davam preferência à venda das terras públicas em grandes extensões, a preços altos e em dinheiro, enquanto que advogados de uma "visão liberal" preferiam colocar a terra ao alcance de todos através da venda em pequenos lotes, a preços baixos e com crédito facilitado. De modo geral, a "visão conservadora" prevaleceu dando margem à especulação com as terras públicas. Mas a venda de pequenos lotes, a preços altos e a crédito por parte dos especuladores não foi, de modo geral, muito bem-sucedida, já que o pioneiro colonizador típico não tinha dinheiro. Assim, entre 1785 e 1862, em um processo político longo e cheio de reviravoltas, os termos de venda e disposição do domínio público foram liberalizados.

Em 1785, um Mandato do Congresso aprovou a execução de um levantamento do domínio público para servir de base para a distribuição das terras públicas. O Mandato também estabelecia a venda das terras federais em leilões públicos para pessoas físicas, em lotes mínimos de 640 acres, a um preço não inferior a US$ 1,00 por acre, em dinheiro. Cinco seções de cada município deveriam ser reservadas: quatro para os EUA e uma para o apoio público de escolas públicas nos municípios.

Além de causar sérios problemas aos povos indígenas, a colonização dos territórios do nordeste dos EUA foi muito lenta porque a compra mínima (US$ 640,00 por 640 acres) excedia em muito o que um típico e pobre colonizador tinha condições de pagar. Assim, as compras do domínio público eram geralmente feitas por especuladores que esperavam revender as terras a preços muito mais altos. Os pioneiros que não conseguiam comprar terras simplesmente ocupavam terras vazias ou não inspecionadas e buscavam, por meios legais ou ilegais, proteger seu investimento. Entre 1799 e 1830, conforme o Oeste ganhou força política no Congresso, foram aprovadas mais de 30 leis regularizando a posse dessas terras ocupadas, dando aos pioneiros o direito de adquiri-las pelo preço mínimo ou sem ter que fazer lances por elas em leilões públicos. Em 1841, com a Lei de Direito de Posse, os *westerners* (ocidentais) conseguiram o direito de posse potencial, que tornava legal a ocupação de terras públicas antes que elas fossem abertas para venda.

Uma vez que os problemas com os povos indígenas foram "resolvidos"[3], o governo federal ficou ansioso para aumentar sua renda com a venda das terras no domínio público. Mas a Lei de Terras de 1796 representou mais uma vitória da "visão conservadora": a compra mínima permaneceu em 640 acres, o preço subiu para US$ 2,00 por acre, mas o comprador tinha um ano para pagar pela terra. Esta Lei institucionalizou o processo de distribuição de terras criando um agrimensor geral e um

---

3 Durante a década de 1830, uma política foi formulada para remover os povos indígenas remanescentes para um território indígena. Qualquer indígena que permanecesse na sua terra ancestral seria considerado criminoso e tratado como tal.

corpo de agrimensores para conduzir o levantamento de terras de forma sistemática e permanente. Escritórios de terras foram estabelecidos perto de onde elas estavam sendo vendidas e uma pequena burocracia foi criada para lidar com esses problemas.

A venda de terras continuou muito tímida e houve movimentação no Congresso por parte de representantes do Sul agrário e do Oeste para liberalizar as provisões do programa de disposição de terras. Uma nova lei de terras foi aprovada no Congresso em 1800, mantendo o preço mínimo de US$ 2,00 por acre, mas reduzindo a compra mínima a 320 acres e estabelecendo quatro anos para o pagamento. As vendas foram estimuladas, mas não o suficiente para satisfazer o "Oeste". Em 1804, o Congresso reduziu o preço mínimo para US$ 1,64 por acre e a compra mínima para 160 acres, o que, com o crédito de quatro anos, estava se aproximando do que muitos pioneiros podiam pagar.

Mas as Leis de Terras de 1800 e 1804 estimularam não só a venda de terras, como também a especulação. Quando os agricultores e especuladores descobriram que não podiam pagar suas "prestações", buscaram ajuda no Congresso estadunidense. Nesse período, o Congresso estava praticamente referendando a especulação de terras para qualquer um que pudesse dar uma entrada na compra de 160 acres: em 1819 só a metade das terras compradas tinha sido paga e 12 leis de auxílio aos devedores foram aprovadas.[4] Na tentativa de sanar os males causados pelo crédito estendido e pela especulação, a Lei de Terras de 1820 aboliu o crédito para a compra de terras retornando ao pagamento em dinheiro, à vista. Em contrapartida, o preço e

---

[4] As leis de *auxílio* (*payment relief*) permitiam desde a devolução das terras compradas e não pagas até o fornecimento de crédito pela terra devolvida e crédito estendido por mais oito anos.

a compra mínima foram reduzidos para US$ 1,25 por acre e 80 acres, respectivamente.

Dadas as condições de terra abundante e barata, falta de mão de obra e falta de infraestrutura para o comércio (mercado, estradas etc.), não havia muito incentivo para o pioneiro se tornar um agricultor eficiente e produtivo. Seu "produto" mais comercializável era sua terra com as melhorias nela executadas: uma casa, cercas, um celeiro ou estábulo e alguns acres "limpos" (árvores removidas). Deste modo, segundo Cochrane (1979, p. 54), "[...] a especulação nas terras do Oeste foi uma doença nacional durante o período 1785-1820. [...] Todo o mundo, desde o patriarca George Washington até o mais humilde pioneiro, foi apanhado na febre da especulação de terras".

O século XIX

Agricultura comercial e o fechamento da "fronteira"

A situação da comercialização da produção começou a mudar com a introdução do barco a vapor. Em 1820, eles já estavam circulando regularmente no litoral Leste, nos Grandes Lagos e nos rios ocidentais, ampliando assim o mercado para a produção agrícola. Entre 1815 e 1840, principalmente através de patrocínio dos governos estaduais, teve início um grande programa de construção de canais. Embora o único canal bem-sucedido comercialmente tenha sido o Canal Erie (iniciado em 1817 e completado em 1825), o desenvolvimento do transporte via canais reduziu consideravelmente o custo de deslocamento de fretes pesados, um fator importante no desenvolvimento da indústria pesada e da agricultura nos territórios do Nordeste e a oeste das Montanhas Apalaches.

Além de melhorias no transporte, um princípio de mecanização da agricultura ajudou a aumentar a produtividade e proporcionar um excedente comercializável. O primeiro equipamento a surgir foi o arado, em 1797, sendo constantemente melhorado nas décadas seguintes até que, no final da década de 1850, um arado eficiente, relativamente barato, feito de ferro fundido e aço, já estava à disposição dos agricultores americanos. Uma série de equipamentos para a preparação do solo, semeadura, colheita e debulha de grãos surgiu na primeira metade do século XIX, reduzindo grandemente as horas de trabalho necessárias a estas atividades. De modo geral, os equipamentos foram desenvolvidos nas décadas de 1820-1830, foram adotados comercialmente em escala limitada na década de 1840 e se tornaram de uso comum na década seguinte. No Sul, após a invenção da descaroçadora de algodão em 1793, poucos agricultores adotaram os equipamentos desenvolvidos na primeira metade do século XIX, recorrendo na maior parte ao trabalhador escravo com ferramentas manuais simples.

Pode-se dizer que, em meados do século XIX, já havia amplos cinturões de agricultura comercial e áreas altamente especializadas de agricultura comercial estabelecidos. Embora a maioria dos agricultores ainda fosse composta de pioneiros desenvolvendo uma agricultura de subsistência, um grande número de agricultores a leste do Mississipi já estava produzindo um excedente para a venda. Este excedente foi criado e um estágio de comercialização foi atingido, não através do aumento da produção por acre, mas através do cultivo de tantos acres quanto tecnicamente possível. A agricultura comercial nos EUA neste período era uma agricultura extensiva.

1862: Homestead Act

Com exceção de alguns poucos vales na costa do Pacífico e alguns povoamentos mórmons, todo o "grande oeste" ainda esperava pela exploração agrícola em 1860, e ela teve início com a *Homestead Act* de 1862. Com a rebelião do Sul, os republicanos tiveram votos suficientes no Congresso para promulgar esta lei e pôr fim a uma longa e amarga luta pela terra livre. Pela *Homestead Act*, qualquer pessoa podia requerer 160 acres (67 ha) de terras públicas não apropriadas se:

1. fosse um cidadão americano, ou tivesse dado entrada na documentação para se tornar um;
2. tivesse 21 anos ou mais, ou fosse o chefe da família, ou tivesse servido 14 dias no exército dos EUA;
3. nunca tivesse lutado contra os EUA (leia-se, contra o Norte).

Em 1866 foi removida esta última condição, pensada para excluir os sulistas do Exército Confederado, e qualquer pessoa que fizesse uma requisição por 160 acres de terras obteria o seu título de propriedade quando:

1. tivesse residido ou cultivado as terras pretendidas por cinco anos consecutivos depois de requerê-la;
2. tivesse se tornado um cidadão americano;
3. tivesse pago as taxas públicas necessárias (que nos primeiros anos eram de apenas US$ 10,00).

Dadas as condições climáticas e de solo e as extensas doações de terras feitas às ferrovias e aos Estados durante a década de 1860, havia pouca terra de primeira qualidade para a agricultura nas décadas de 1870-1880. E, nas Grandes Planícies estadunidenses, 160 acres eram uma unidade muito pequena para que o empreendimento fosse economicamente viável. Nos anos 1900, esta cláusula foi alterada para permitir a requisição de 320 acres para agricultura ou 640 para pastagem. Mas durante a década de 1870, as quatro principais leis dispondo sobre a venda de terras favoreciam claramente os interesses de grupos especiais no Oeste – grandes criadores de gado e grandes madeireiros.

Apesar da fama, é um erro pensar que a maior parte do domínio público foi distribuída sob a *Homestead Act*. Dos 500 milhões de acres distribuídos entre 1860 e 1900, só 80 milhões o foram pela *Homestead Act*. Mais de 350 milhões de acres tiveram que ser adquiridos por compras feitas de especuladores de terras, ferrovias, do próprio governo ou de outros indivíduos (Cochrane, 1979, p. 84). É importante notar também que, antes da *Homestead Act*, grandes extensões de terras foram simplesmente doadas (e não vendidas) aos soldados que lutaram no Exército Continental durante a Guerra da Independência, e aos que serviram o Exército e a Marinha na Guerra Anglo-Americana de 1812. Em grande medida, os homens que lutaram nestas guerras foram induzidos a fazê-lo sob a promessa de receber terras de graça após a vitória na guerra.

USDA – O Departamento de Agricultura dos EUA

Embora tenha sido oficialmente estabelecido em 1862, o *U.S. Department of Agriculture* (USDA) tem suas raízes já em 1839, com a criação de uma unidade dentro do Escritório de Patentes [...] para coletar dados estatísticos sobre a agricultura, entre "outros propósitos agrícolas".

O primeiro diretor do USDA esboçou os objetivos do novo departamento no seu primeiro relatório:

1. coletar, organizar e publicar estatísticas e outras informações agrícolas úteis;
2. introduzir novas plantas e animais;[5]

---

[5] "Na administração presidencial de John Quincy Adams todos os cônsules estadunidenses eram instruídos para que remetessem plantas e sementes raras a Washington. Bons produtores de animais foram também, muitas vezes, enviados pelos representantes estadunidenses no exterior. Em 1836, o comissário de patentes começou a distribuir as sementes obtidas no estrangeiro aos agricultores empreendedores" (South, 1968, p. 61).

3. responder a dúvidas dos agricultores;
4. testar implementos agrícolas;
5. realizar análises químicas do solo, grãos, frutas, plantas, vegetais, e esterco;
6. estabelecer um curso de botânica e entomologia;
7. criar uma biblioteca e um museu da agricultura.

O século XX

O USDA no século XX

Com a nomeação de James Wilson para secretário da Agricultura teve início uma nova era no USDA. Tendo sido professor de agricultura e diretor da Estação Experimental no Iowa State College, bem como deputado estadual e federal, ele acreditava fervorosamente no poder da pesquisa científica e sabia como atingir seus objetivos de pesquisa através da ação política. Sob a sua diretoria (1897-1913) as atividades de pesquisa do departamento foram ampliadas, fortalecidas e reorganizadas, transformando o USDA numa grande instituição de produção científica.

As novas divisões geraram novos departamentos (*Bureaus*) – setor de plantas, entomologia, química, solos, estatísticas, florestas, pesquisa biológica – e suas descobertas levaram à adoção de medidas regulatórias. Os trabalhos de extensão foram expandidos e institucionalizados com a Lei Smith-Lever (1914) e trabalhos de demonstração de descobertas científicas nas fazendas e de educação para adultos foram desenvolvidos e estimulados. A ênfase básica em pesquisa, educação e regulação fixada na estrutura do USDA por James Wilson não foi alterada nos anos 1914-1933. Embora tenham sido iniciados trabalhos econômicos de gestão e comercialização agrícola – que geraram o Departamento (*Bureau*) de Economia Agrícola em 1922 –, de modo geral o departamento não estava pronto, ou ainda não tinha uma equipe com a capacidade necessária para lidar com os problemas econômicos que, à época, assolavam os agricultores.

Os colleges agrícolas

Logo depois da Guerra Civil, o governo federal deu partida ao sistema de ensino superior criado pela Lei Morril – a lei dos *Land-Grant colleges*, que fomentou faculdades e universidades de A&M, isto é, voltadas sobretudo para a expansão do ensino de Agricultura e Mecânica. Os *colleges* – instituições de ensino superior não necessariamente universitárias, por vezes vocacionais e oferecendo cursos de curta duração, três anos – tornaram-se a marca do ensino superior estadunidense, de sua capilarização e democratização de acesso.

Os *colleges* agrícolas do sistema de universidades Land-Grant amadureceram no período 1897-1914. No início do século XX, já tinham sido estabelecidas as disciplinas agrícolas padrão e já havia um conhecimento substancial em cada disciplina para ensinar e aprofundar as pesquisas. As disciplinas incluíam: solos, agronomia, patologia de plantas, horticultura, criação de animais, medicina veterinária e um pouco de economia aplicada à agricultura. As pesquisas nestas áreas se desenvolveram rapidamente no início do século e os agricultores tinham muito interesse nas descobertas e resultados práticos, de modo que os *colleges* logo desenvolveram cursos de inverno e todo tipo de técnicas de educação para adultos para transmitir aos agricultores os resultados práticos dos trabalhos de pesquisa que aconteciam nos *colleges* e nas estações experimentais (criadas pela Lei Hatch/1887) a eles associadas. Em 1914, a Lei Smith-Lever institucionalizou os programas de extensão dos *colleges* agrícolas estaduais, criando um serviço de extensão cooperado entre governo estadual e federal.

Além do seu papel de produtor de conhecimento científico, um papel menos discutido dos *colleges* foi o de servir como um canal extremamente eficiente para ajudar jovens a se transferir da agricultura para outras atividades não agrícolas. Vale a pena citar a descrição de um conhecido estudioso do tema:

> Cada Estado recebeu terras públicas, dentro de seus limites, na base de 30 mil acres para cada um de seus senadores e deputados no Congresso. O produto da venda dessas terras devia ser investido e a renda aplicada na criação e manutenção de faculdades. Na fase inicial, a maioria dessas faculdades de agronomia começou a olhar fora de seu '*campus*' para a população agrícola como campo de aprendizado. Na passagem do século a organização de cursos de extensão agrícola estava firmemente implantada. Essas faculdades mantinham cursos rápidos e difundiam os conhecimentos do '*campus*' à população rural através de conferências, correspondência, publicação de boletins, demonstrações e exposições. Ao mesmo tempo, essas faculdades se transformavam em centros de pesquisa agrícola. Em 1887, o Congresso aprovou uma lei que estabelecia as estações experimentais (*experiment stations*) de caráter cooperativo entre a União e o estado, para realizar experiências em condições práticas, que viessem a beneficiar os fazendeiros. Em 1893, o número dessas estações cresceu para 49. Em adição às doações iniciais de terra, o governo federal logo começou a destinar verbas para ajudar a financiar o sistema de instrução agrícola. Mas somente em 1914 aprovou a legislação que estabelecia o sistema União-estado das 'universidades populares'. Jamais conseguiremos exagerar quão importante foi para o desenvolvimento agrícola o alto valor emprestado pelos estadunidenses à instrução. (South, 1968, p. 65)

Desenvolvimentos tecnológicos

Entre os desenvolvimentos tecnológicos significativos do início do século XX estão o uso crescente de fertilizantes comerciais, calcário e adubo animal, e os avanços no melhoramento genético de plantas e no controle de doenças animais. Mas o desenvolvimento tecnológico mais importante do período foi o trator a gasolina.

O maquinário agrícola no início do século XX estava se tornando maior e mais eficiente, e precisava de uma fonte de energia mais eficiente do que o motor a vapor e as mulas e cavalos. O primeiro motor de combustão interna montado em um veículo surgiu nos EUA, em 1889, e, ao longo da década de 1890, sua potência foi aumentada, seu tamanho e seu peso diminuídos até a construção, em 1901, do primeiro trator a gasolina. No período 1910-1920, o trator foi rapidamente melhorado em termos de *design* e eficiência e seu uso também cresceu rapidamente. Ao fornecer uma fonte de energia confiável para operar o maquinário de preparação do solo e colheita, eles liberaram milhões de acres usados para a produção de forragem animal, substituíram uma força de trabalho cada vez mais escassa na agricultura e contribuíram para aumentar a produção por unidade de insumo.

Crise

Embora a produção agrícola tenha crescido lentamente, mas de forma constante, no período 1897-1933, a demanda por esta produção flutuou bastante. O crescimento da produção no período 1897-1933 resultou, em parte, de um pequeno aumento no número de acres cultivados e, em parte, de algum crescimento na produtividade agrícola, que, por sua vez, resultou de um aumento na mecanização. O fator desestabilizador da economia agrícola era o mercado (demanda) para seus produtos, levando-a da depressão à prosperidade e de volta à depressão. O aumento da população, acima do aumento da produção agrícola, somado à Primeira Guerra Mundial e ao consequente aumento da demanda por produtos agrícolas causaram a disparada dos preços agrícolas entre 1916-1919. Mas com a redução da demanda externa, os preços caíram vertiginosamente e a Crise de 1929 piorou a situação.

O processo de mecanização agrícola se acelerou na segunda metade do século XIX, uma vez que a falta de mão de obra durante a Guerra Civil e a abertura de grandes extensões de terra para a produção agrícola no Oeste ajudaram a manter e expandir a forte demanda por maquinário. O resultado da associação entre maquinário, mais terras sob produção e especialização da produção foi que a produção agrícola mais do que dobrou entre 1870 e 1900. Mas foi um período, ainda, de crescimento extensivo.

Do fim da Guerra Civil até 1896, os preços que os agricultores recebiam por sua produção caíram irregular, mas consistentemente. Embora os preços dos produtos não agrícolas estivessem caindo na mesma marcha, as "prestações" que os agricultores tinham que pagar por suas terras e equipamentos não estavam. O problema todo neste período girava em torno da superprodução.

> A produção agrícola total [...] cresceu 53% entre 1870 e 1880, mas a população dos EUA cresceu só 26%. Em outras palavras, cerca de metade do aumento da produção agrícola na década de 1870 tinha que encontrar um 'mercado', externo ou na forma de um aumento do consumo doméstico *per capita* de alimentos. (Cochrane, 1979, p. 94)

E, embora tanto a exportação agrícola quanto o consumo doméstico de alimentos tenham aumentado no período, eles simplesmente não aumentaram na mesma medida que a produção agrícola, reduzindo os preços dos produtos agrícolas e a renda dos agricultores.

A resposta dos agricultores às dificuldades das décadas de 1870-1980 e 1990 foi a organização coletiva nos negócios e na política. Associações de agricultores começaram a se formar por todo o país e foram bem-sucedidas na formação do Partido Populista e na eleição, em 1894, de sete deputados e seis senadores para o Congresso americano. Estes movimentos conseguiram aprovar a legislação nos Estados para a regulação das ferrovias (preços dos fretes) e estabelecer cooperativas de comercialização, compra, processamento e manufatura para seus membros.

Entre 1897 e 1910, a agricultura americana passou por um período de recuperação econômica sustentada. Os preços agrícolas subiram todos os anos, regularmente e em relação aos preços dos produtos não agrícolas. Com a Primeira Guerra Mundial, o grande aumento da demanda por gêneros alimentícios e da sua exportação, os preços agrícolas mais do que dobraram em 1920. Neste contexto, os agricultores começaram uma corrida por terras agricultáveis, que já tinham se tornado escassas em 1915, elevando fortemente o seu preço. Com o fim da ajuda do pós-guerra, os preços agrícolas começaram a cair nos EUA já no fim de 1920 e, em um ano, haviam caído pela metade. Mas os agricultores tinham que pagar pela terra comprada a crédito contando com uma renda que representava apenas a metade daquela que eles previam quando a compraram. Assim, milhares deles foram à falência. Esse período de depressão só piorou com a quebra da Bolsa de Nova York, em 1929. Entre 1929 e 1933, o desemprego aumentou até atingir 25% da força de trabalho e os preços agrícolas foram reduzidos ainda mais.

Crédito e cooperação

Durante a maior parte do século XIX, a falta de crédito e a inadequação dos mercados existentes foram os maiores problemas enfrentados pelos agricultores, tendo sido os principais responsáveis pelas revoltas dos anos 1870, 1880 e 1890. No século XX, no entanto, eles começaram a encontrar respostas. A Comissão sobre a Vida no Campo, nomeada pelo presidente

Theodore Roosevelt em 1908, apontou a falta de um sistema de crédito agrícola como o principal problema no campo. Em 1913, o presidente Wilson enviou uma comissão à Europa para pesquisar formas de crédito e cooperação agrícola. Seu relatório gerou a Lei de Crédito Agrícola de 1916, que autorizava a organização de um sistema cooperado de 12 *land banks* federais e um sistema corporativo de *land banks* a ser constituído com capital privado para fins lucrativos.[6] O governo fornecia parte dos fundos para o sistema corporativo e regulava as taxas de juros que podiam ser cobradas aos tomadores de empréstimo em ambos os sistemas. No início da década de 1930, porém, os bancos corporativos encontraram dificuldades e, após a total reorganização das agências de crédito agrícola em 1933, os últimos *land banks* corporativos foram liquidados. Nesse mesmo ano, a Lei de Hipoteca Agrícola de Emergência disponibilizou várias formas de crédito aos agricultores através da expansão da atividade dos *land banks* federais e dos fundos fornecidos a eles pelo governo federal. A mesma Lei criou uma associação de crédito de produção para empréstimos de curto e médio prazo, 12 bancos distritais e um central, para a extensão do crédito às associações cooperativas de agricultores.

Quanto à questão da comercialização, diversas agências de comércio surgiram no século XIX: as primeiras associações cooperativas agrícolas bem-sucedidas tiveram início nos anos 1890 e continuaram até os anos 1920. Elas eram inicialmente locais e focadas na melhoria da qualidade de seus produtos e na eficiência do seu manuseio, estocagem e distribuição. Mas, conforme elas foram se transformando em organizações de âmbito nacional, tornou-se necessário esclarecer o seu *status*

---

6 *Land banks*: bancos que emprestam dinheiro aos agricultores hipotecando e tomando suas terras como garantia.

legal para eximi-las das várias leis antitruste, o que foi feito com a Lei Capper-Volstead, de 1922.

Esta lei forneceu a autoridade legal para os agricultores participarem de um movimento (*Sapiro Movement*) que buscava obter controle monopolístico sobre a comercialização de seus produtos. A ideia era que eles passariam a integrar cooperativas de comercialização fortemente centralizadas, legalmente autorizadas a estabelecer contratos vinculativos entre seus membros, pelos quais eles eram obrigados a entregar toda a sua produção para a cooperativa por um número de anos. Se a cooperativa conseguisse unir, deste modo, a maioria dos produtores de uma *commodity*, ela poderia estabelecer um monopólio sobre a sua comercialização. Deste modo, os agricultores assim associados estariam em posição de ditar o preço de venda de sua produção, obtendo ganhos monopolísticos do mercado.

Algumas organizações de produtores foram estabelecidas segundo este modelo, funcionaram por alguns anos, mas fracassaram uma depois da outra. Entre as principais dificuldades encontradas na sua manutenção estava o fato de que a maioria dos agricultores não estava disposta a assinar contratos vinculativos.

Com o aprofundamento da recessão agrícola em 1920-1921, as associações agrícolas se uniram para pressionar o Congresso a aprovar legislação que livrasse os agricultores das dificuldades econômicas em que se encontravam. Embora tenham sido bem-sucedidos neste intento, as cinco leis aprovadas em 1921 simplesmente não podiam resolver a redução na demanda agregada por alimentos resultante, principalmente, da redução na demanda externa.

Os esforços para aliviar a recessão agrícola deram origem, em 1922, ao conceito de "paridade de preços", isto é, do restabelecimento e conservação dos termos de troca entre preços agrícolas e preços industriais vigentes antes da Primeira Guerra Mundial, mais precisamente entre 1910 e 1914. O plano de ação, denominado "Igualdade para a Agricultura", propunha três medidas essenciais:

1) a produção total de cada cultivo seria dividida em duas partes, uma para ser vendida no mercado doméstico numa quantidade tal que, dada a demanda doméstica, geraria para os agricultores uma paridade de preços;
2) a outra parte seria vendida no mercado mundial por qualquer preço que se conseguisse;
3) as perdas sofridas pela venda da segunda parte da produção a preços mundiais mais baixos seriam absorvidas pelos produtores de cada cultivo.

Uma proposta de lei com base neste plano foi apresentada ao Congresso várias vezes, de 1924 a 1928, e derrubada seguidamente.

O presidente Hoover acreditava que o problema agrícola poderia ser resolvido através de uma comercialização interna e externa mais eficiente dos produtos agrícolas, da redução da especulação com os produtos agrícolas e da melhoria na eficiência do sistema de mercados agrícolas. Deste modo, a Lei de Comercialização Agrícola foi aprovada em 1929, estabelecendo um Conselho Agrícola com autoridade para fazer empréstimos às cooperativas visando realizar este objetivo. Mas com a crise de 1929, os preços agrícolas caíram quase 50%. Como o Conselho simplesmente não dispunha de fundos suficientes para estabilizar os mercados, acabou sendo desativado no auge da crise, em 1932.

Em 1933, a administração Roosevelt reconheceu o desespero dos agricultores e aprovou a Lei de Ajustamento Agrícola. Esta lei autorizava o governo federal a negociar com os agricultores o controle da produção através da redução dos acres dedicados aos cultivos básicos; a estocar estes cultivos no campo e a fazer pagamentos adiantados por eles; a fazer acordos comerciais com os produtores e distribuidores de forma a estabilizar os preços dos produtos, e a cobrar impostos sobre o processamento para financiar o programa de redução de cultivo. Os programas de controle de produção desenvolvidos sob a Lei de Ajustamento Agrícola foram suspensos pela Suprema Corte, em 1936. O tribunal fez objeções ao levantamento de impostos para financiar o programa, obrigando o governo a alterar a lei, em 1938, reservando fundos do Tesouro Nacional para sua execução.

A depressão profunda que assolou a economia estadunidense durante a década de 1930 teve uma longa pausa com a Segunda Guerra Mundial. A guerra reforçou a demanda externa por alimentos e fibras, e a melhoria do nível de emprego e dos salários aumentou a demanda interna por estes produtos. Assim, os preços e a renda agrícolas começaram a subir em 1940 e só voltaram a cair após o fim da Guerra com a Coreia, em 1951.

Tecnologia

O período de prosperidade durante e após a Segunda Guerra Mundial (1939-1945) durou o suficiente para produzir outros efeitos na agricultura, além de elevar temporariamente a renda e os preços agrícolas.

As tecnologias descobertas pelo USDA, pelos *colleges* agrícolas e por empresas privadas durante os anos 1930, e que não haviam sido adotadas por falta de recursos, passaram a ser utilizadas crescentemente durante e após a Guerra. Considerando que, de 1939 a 1953, a população rural sofreu um decréscimo de 35%, a maioria dessas tecnologias provocou aquilo que as revoluções anteriores tinham gerado: a substituição da mão de obra por maquinário. A demanda militar por recursos humanos, associada à demanda industrial por força de trabalho, conseguiu sugar todo o excedente de mão de obra que se acumulara nas áreas rurais durante o período de crise.

A maior parte dos desenvolvimentos tecnológicos ocorridos foi mecânica, mas, a partir da melhoria do trator, em termos da relação peso/potência, eles impulsionaram uma série de melhorias no maquinário agrícola. Mas além da revolução mecânica, ocorreu uma revolução biológica e química. O melhoramento genético e a descoberta de novas variedades de trigo, milho e outros cultivos levaram ao desenvolvimento de plantas mais resistentes e que produziam duas ou três vezes mais. Ao mesmo tempo, o aumento no uso de fertilizantes comerciais e as novas tecnologias para o controle de doenças, insetos e pragas tiveram o efeito não só de aumentar a produtividade por acre, mas também de reduzir o trabalho necessário ao plantio. As melhorias no controle de doenças animais através da adoção de medidas preventivas e das vacinas também ocorreram de forma intensiva, bem como aquelas voltadas para a nutrição animal e a conversão alimentar.

Uma revolução administrativa atingiu uma pequena parcela dos agricultores, que passaram a utilizar informação sistematizada, contratos futuros, contratos para a cobertura de riscos futuros e a desenvolver estratégias frente a impostos e taxas. Eles se tornaram os grandes, inovadores e agressivos agricultores que, mais tarde, produziriam e venderiam a maior parte da agricultura comercial americana.

Concentração e comercialização da produção agrícola

Até 1933, os próprios agricultores produziam a maior parte de seus insumos, mas isto mudou entre 1933 e 1970, quando eles passaram a recorrer cada vez mais ao mercado para adquiri-los. Neste mesmo período, a mão de obra empregada na agricultura caiu 70% e o uso de maquinário aumentou 212%; o uso de insumos químicos aumentou 1.800%, e o de sementes, forragem e animais comprados, mais de 270%. Essa forte substituição do trabalho pelo capital foi acompanhada de duas outras transformações: o aumento no tamanho da propriedade agrícola média e a redução correspondente no número de propriedades: de 1935 a 1970, elas foram reduzidas em 56%.[7] Esta última transformação ocorreu através da compra, por parte dos produtores maiores e mais agressivos, das propriedades dos agricultores menos eficientes.

Paralelamente a essa crescente concentração, desenvolveram-se duas indústrias, uma "atrás" da agricultura, outra à sua frente. A indústria de insumos fornecia aos agricultores uma grande variedade de bens intermediários e serviços; e a indústria de processamento e distribuição levava os produtos do campo para o consumidor. Ao final dos anos 1960, o setor de comercialização de alimentos já havia superado em muito o setor de produção agrícola, em termos de tamanho e importância econômica. O sistema de comercialização de alimentos nos EUA cresceu enormemente neste período, pois na medida em que aumentou a renda dos consumidores, eles passaram a demandar mais e mais serviços associados aos produtos alimentícios: alimentos congelados (frutas, vegetais, pratos prontos), misturas para bolo. Passaram também a se alimentar fora de casa.

Referências

COCHRANE, W. W. *The development of American agriculture* – a historical analysis. Minneapolis: University of Minnesota Press, 1979.

SOUTH, L. *A moderna agricultura e seus problemas*. São Paulo: Atlas, 1968.

---

7 Ver Cochrane, 1979, p. 132.

JAPÃO, IMPÉRIO DO SOL... RENASCENTE

REGINALDO C. C. DE MORAES
MAITÁ DE PAULA E SILVA

TODOS SABEMOS ALGUMA COISA sobre o que era o Japão ao final da Segunda Guerra Mundial: não somente uma nação derrotada, mas, também, um país arrasado. O episódio da bomba atômica foi só o símbolo cruel de um cenário mais abrangente: começar do zero.

Nem governo o Japão possuía. Era dirigido pela Autoridade de Ocupação Americana, então chefiada pelo General Douglas MacArthur (1880-1964) e preocupada, inicialmente, em continuar o trabalho de demolição – destruir permanente a capacidade militar japonesa e "democratizar" o país, introduzindo instituições políticas liberais e substituindo a economia dirigida pelo Estado por empresas privadas competitivas.

A população rural saiu da guerra ainda mais pobre do que era debaixo do império, quando funcionava como base de recrutamento de soldados a serviço do nacionalismo militarista da oligarquia. Mesmo com o desenvolvimento da indústria, em 1945 a agricultura ainda representava quase a metade da população economicamente ativa. Os agricultores arrendatários eram numerosos – responsáveis por cerca de 46% da área cultivada do país. Na verdade, os números eram ainda mais dramáticos: 70% das famílias rurais eram arrendatárias, quer dizer, para sobreviver dependiam de alugar terra e pagar pelo seu uso. Perto da metade do valor da produção ia para esse pagamento.

Os arrendamentos típicos eram pequenos e o arrendatário tinha que providenciar casa, equipamentos, sementes, animais e fertilizantes, e desfrutava de pouca segurança no arrendamento, pois, dada a superpopulação rural no pré-guerra, tinha-se uma situação em que qualquer atraso no pagamento ou demanda por redução de seu valor por parte dos arrendatários permitia aos proprietários de terra tomar as propriedades e arrendá-las a outros.

Em tais condições, a renda dos agricultores arrendatários não era suficiente para cobrir suas mínimas despesas de sobrevivência, forçando-os a emprestar de proprietários ou comerciantes a altas taxas de juros e a complementar sua renda agrícola com os salários de seus filhos e filhas enviados como trabalhadores não qualificados mal pagos a serem empregados nas indústrias. Mesmo os próprios chefes de famílias arrendatárias eram obrigados a suplementar sua renda com trabalhos não agrícolas. Esta situação de crise foi usada pelo governo japonês para promover a expansão militar no exterior com uma visão das vastas terras do continente asiático como uma válvula de escape para a situação de pobreza e superpopulação rural, com o entusiástico apoio dos agricultores – grandes e pequenos – ao militarismo japonês.

Percebendo que um campesinato empobrecido tinha grandes probabilidades de se tornar uma fonte de sentimento revolucionário que poderia levar ao retorno do militarismo, a Autoridade de Ocupação agiu rapidamente obrigando o governo japonês a introduzir medidas para a conversão dos arrendatários em proprietários, o que foi feito através da Lei de Estabelecimento da Propriedade Rural de 1946.

Com ela, foram abolidos os proprietários ausentes que não cultivavam suas terras e só foi permitido o arrendamento de 2,5 acres de terra cultivável, o que corresponde a pouco mais de 1 hectare. O tamanho das propriedades dos antigos proprietários--arrendatários foi igualmente restringido. A terra cultivável que excedesse este limite deveria ser comprada pelo governo e revendida a agricultores a preços baseados no valor de arrendamento: 25% do valor da produção de arroz e 15% do valor da produção de outros cultivos. A terra comprada nestas condições não poderia ser vendida por 30 anos – uma provisão para evitar a futura concentração em grandes propriedades. Tudo isso deveria ser feito em dois anos, para o que foram estabelecidas comissões de propriedades rurais por todo o país responsáveis pelo planejamento e pela execução da reforma agrária nas suas áreas, e compostas de modo a refletir a composição da sociedade rural: três proprietários de terras, dois agricultores-proprietários e cinco arrendatários. Como o valor da compensação monetária paga aos antigos proprietários foi destruído pela inflação, eles foram, na verdade, expropriados, enquanto que os arrendatários não somente obtiveram suas propriedades por um preço baixo como também se livraram do anteriormente esmagador peso da dívida.

Como foi possível uma reforma agrária feita "de cima para baixo", sob a direção dos EUA, dentro do sistema capitalista de propriedade privada? Como se produziu esse verdadeiro "milagre político", com medidas que em outras terras e momentos os estadunidenses chamariam de "confisco comunista"? Havia algumas razões práticas, como a decrescente força da agricultura na economia japonesa e, portanto, dos agricultores na política do país. Havia também a necessidade política dos vencedores da guerra: "desmilitarizar e democratizar", cortando as asas do nacionalismo japonês que havia desafiado os Estados Unidos. E havia, claro, uma razão geopolítica. Um Japão subdesenvolvido e com fome seria um país vulnerável à "tentação comunista", tão forte na Ásia naquele momento. Ao se opor aos planos comunistas, os EUA tinham que fazer uma proposta suficientemente avançada para satisfazer as demandas dos arrendatários por terra e, ao mesmo tempo, atraí-los para o chamado "mundo livre".

A cara da reforma agrária japonesa

Com a reforma, 80% de toda a terra arrendada foi distribuída a agricultores arrendatários a preços baixos, fazendo com que, em 1949, a terra arrendada fosse reduzida de 46% para 13% de toda a terra cultivada. A reforma também criou um amplo estrato de agricultores proprietários que passaram de 28% das famílias no campo em 1941, a 55% em 1949, enquanto o número de famílias que arrendavam 100% das terras que cultivavam caiu para 8% e o de famílias que arrendavam parte das terras que cultivavam caiu de 41% para 35%. Mas os direitos dos arrendatários nas terras arrendadas remanescentes foram fortalecidos e o nível das rendas mantido baixo: em 1948, por exemplo, a renda de um campo de produção média era equivalente a apenas 1% da produção total. Deste modo, mesmo arrendatários que não puderam comprar suas terras podiam ganhar uma renda pouco mais baixa do que a dos agricultores proprietários. Em contrapartida, tornou-se impossível para os proprietários de terra que mantiveram seus 2,5 acres de terra arrendada viverem da renda paga pelos arrendatários.

Tabela 1 – Redistribuição da terra com a reforma agrária

	Antes da Reforma (1945)	Depois da Reforma (1950)
Área cultivada (milhares de habitantes)		
Por proprietários	2.787	4.685
Por arrendatários	2.368	515
Número de unidades agrícolas (milhares)		
Em propriedades	1.729	4.228
Em arrendamento	1.574	240

Fonte: dados compilados por Russel King (1977).

Tabela 2 – Impacto da Reforma Agrária na distribuição da renda agrícola do país

	Antes da Reforma (1945)	Depois da Reforma (1950)
Por proprietários	37%	4%
Mão de obra	55%	88%
Poupança	76%	96%

Fonte: dados compilados por Russel King (1977).

A reforma, na verdade, somente transferiu a propriedade formal de pequenas parcelas de terras espalhadas dos proprietários de terra para os arrendatários. Foi mantida a estrutura de pequenas propriedades agricultoras, tão pequenas que tornavam difícil melhorar o nível de desenvolvimento agrícola. No pequeno território do Japão, as florestas ocupavam 70% do país, cinco vezes mais do que a área cultivável. Como foi feita, a reforma agrária tornava impossível a criação de propriedades compactas e a racionalização da sua administração através da troca e consolidação de terras. Mas apesar destas limitações, ela teve um importante papel no desenvolvimento do capitalismo pós-guerra no Japão, através de grandes mudanças na estrutura da agricultura japonesa.[1]

O sistema de agricultores proprietários criado pela reforma agrária provou ser uma importante pré-condição para um crescimento abrupto no nível de produtividade da agricultura japonesa e um grande crescimento econômico baseado nas indústrias pesadas, especialmente depois de 1960.

No que diz respeito à contribuição da reforma ao notável aumento de produtividade da agricultura no Japão pós-guerra, alguns pontos merecem destaque. A reforma agrária, apesar

---

[1] José Gomes da Silva (1971) destaca que na reforma agrária imposta pelo governo interventor do general Douglas MacArthur teria sido desapropriado 1,9 milhão de hectares, distribuído para 4,7 milhões de famílias. Cada família recebeu, em média, 0,5 hectare. (N. O.).

de não alterar o sistema de pequenas propriedades herdado do período pré-guerra, dissolveu o sistema de proprietários--arrendatários e transformou os agricultores arrendatários em agricultores proprietários em condições muito favoráveis, libertando-os das condições de pesadas dívidas, rendas exploradoras e frágeis direitos sob as quais trabalhavam antes da guerra. Eles obtiveram direitos integrais ao cultivo de suas próprias terras, tornaram-se mais capacitados a "gozar os frutos de seu trabalho", e tiveram um incentivo para melhorar a terra e promover a produtividade rural.

Japão renasce das cinzas

Em 1955, o Japão já tinha completado o período de "reconstrução do pós-guerra" e estabelecido o alicerce da era de grande crescimento que se seguiu. Esse ano marcou época no aumento da produtividade agrícola japonesa que atingiu não só o cultivo do arroz, mas também a produção de frutas, vegetais e animais de corte, entre outros.

A política agrícola durante a ocupação foi dura com os agricultores: os preços oficiais para produtos agrícolas eram baixos e os níveis dos impostos sobre os agricultores eram altos. Contudo, esta política foi relaxada com a conclusão do Tratado de Paz de São Francisco (1951) e a reconstrução do capitalismo japonês – encorajado por uma enorme demanda militar estadunidense durante a Guerra da Coreia. O aumento da produtividade agrícola de 1955 foi causado não só por este relaxamento, mas também pela própria reforma agrária. A classe de pequenos agricultores diminuiu rapidamente depois de 1955, quando o capitalismo japonês entrou numa fase de rápida acumulação de capital baseada nas indústrias pesada e química. Crescentes importações de produtos agrícolas dos EUA e de outros países e uma intensa competição doméstica tornaram difícil para muitos pequenos agricultores suportar suas famílias somente com a agricultura, forçando-os a depender cada vez mais de trabalhos suplementares, principalmente como assalariados. Com isto diminuiu a renda estritamente agrícola das famílias do meio rural.

A fase de "grande crescimento" do capitalismo japonês, do fim da década de 1950 ao início da década de 1970, foi marcada pela expansão na construção de fábricas, redes de transporte e habitação, não somente nas áreas urbanas, mas também nas áreas rurais. Como consequência, o preço da terra nas áreas rurais explodiu depois de 1960 e a terra como propriedade tornou-se mais importante para os agricultores do que a própria agricultura.

Além disso, as oportunidades de emprego não agrícola se expandiram grandemente nesse período, com uma grande parte dos trabalhadores agrícolas fluindo para manufatura, construção, comércio e serviços. Nestas condições, apesar das várias dificuldades com que se defrontava a agricultura japonesa, não houve nenhum problema social mais sério nem ocorreram revoltas no campo. O aumento do trabalho assalariado não agrícola permitiu a expansão da renda das famílias rurais e aumentou seus padrões de vida, eliminando a grande diferença de renda e padrão de vida que existia no pré-guerra entre trabalhadores rurais e urbanos.

Parte do fluxo de trabalho rural para atividades não rurais consistiu de pessoas do campo migrando para as cidades, às vezes para lugares distantes. Mas também houve muitos que continuaram vivendo no campo e deslocando-se diariamente para trabalhar nas cidades próximas. Durante os anos 1970, as redes de transporte foram melhoradas, empresas mudaram para áreas rurais e a ocorrência da última opção aumentou muito em relação à primeira entre os trabalhadores que possuíam suas próprias casas e terras e continuavam a trabalhá-las – numa escala cada vez menor.

Houve, portanto, uma mudança no fluxo de trabalho rural para atividades não rurais. De um processo em que homens jovens deixavam seus lares em direção à cidade para um processo em que chefes de família, herdeiros e mulheres saíam para trabalhar em empregos não agrícolas enquanto ainda viviam nas propriedades rurais. Consequentemente, o número de famílias agricultoras em tempo integral diminuiu cada vez mais enquanto aumentou o número de famílias empregadas parcialmente na agricultura, cujos membros eram, ao mesmo tempo, trabalhadores assalariados em empregos não agrícolas.

Tabela 3 – Peso da renda agrícola nas famílias de agricultores

	1955	1970	1955-1970 (% de variação)
Exclusivamente agrícola	2106	832	- 60
Parcialmente agrícola	3937	4510	+ 15
Parcial 1	2274	1802	- 21

Fonte: dados compilados por Russel King (1977).

Deste modo, a partir da metade dos anos 1950, o capitalismo japonês baseado na indústria pesada transformou rapidamente a população rural utilizando-a como fonte de trabalho barato. Enquanto em 1955, 44% da população vivia em áreas rurais, as famílias rurais contabilizavam 41% de todas as residências, e a população ocupada na agricultura representava 34% da população economicamente ativa, 25 anos depois, estas porcentagens tinham caído para 24%, 18% e 9%, respectivamente, mostrando uma acentuada queda na população rural.

Vale lembrar que, nos anos que se seguiram a 1945, tanto a Autoridade de Ocupação quanto o governo japonês estavam preocupados em aumentar o escasso suprimento de alimentos para evitar a fome. A reabilitação das fábricas de fertilizantes químicos e sua importação foram encorajadas e priorizadas. A escassez de mão de obra foi logo superada com a desmobilização de soldados e o retorno de repatriados das antigas colônias. Como a recuperação da produção de arroz era considerada a mais importante, assistência oficial foi dada na forma de concessões para a melhoria das terras e um esquema de manutenção dos preços. A produção agrícola respondeu rapidamente a estes estímulos, mesmo com a redução de quase dois terços na força de trabalho agrícola.

O aumento geral na produção pôde ser atingido através de mudanças consideráveis na importância relativa dos vários cultivos. Houve um grande aumento na produção de frutas, vegetais, ovos, leite e animais de corte em resposta à diversificação da dieta japonesa. Apesar de o arroz ter se tornado um produto "inferior" – seu consumo *per capita* caiu cerca de 25% ao longo da década de 1970 –, o governo persistiu na política de apoio à sua produção a ponto de o fornecimento de arroz ser superior à demanda, transformando sua estocagem e a eliminação de estoques excedentes em um problema que se somava ao próprio custo do esquema de manutenção de preços.

O governo tentou contornar o problema que ele mesmo criou através, por exemplo, da Lei Básica da Agricultura (1961), que proporcionava incentivos financeiros para encorajar os agricultores a trocar a produção de arroz pela de produtos cuja demanda estava crescendo. Mas esta e outras políticas foram ineficientes porque eram inconsistentes com o esquema de manutenção de preços do arroz. Em fins da década de 1970, o preço pago aos produtores era cinco vezes o preço mundial e o preço ao consumidor era duas ou três vezes este valor. No início da década de 1980, o governo decidiu reduzir os estoques excedentes exportando parte dele a preços mundiais, isto é, a um quinto do preço que tinha pago aos agricultores, mas o alívio foi somente temporário e parcial.

O apoio dado aos produtores de arroz foi o exemplo mais destacado da política aplicada aos produtos agrícolas em geral. A proteção tomou muitas formas: esquemas de manutenção de preços para o trigo, a cevada, beterraba (para fazer açúcar), soja, bichos da seda, tanto quanto para o arroz; subsídios para o leite e os ovos; e cotas de importação para a carne. Muitos produtos agrícolas foram liberados de controle quantitativo para importação em conformidade com a política estadunidense de liberalização, mas o governo frequentemente substituía estas restrições pela introdução ou extensão dos esquemas de manutenção de preços.

A política agrícola do Japão, em vez de promover a eficiência econômica pelo encorajamento de ajustes estruturais, foi direcionada principalmente para a prevenção da queda acentuada da renda agrícola em relação à urbana. Mas embora sua eficiência econômica possa ser criticada, notáveis avanços foram feitos em relação à sua eficiência técnica. Antes da guerra, os agricultores faziam pouco uso de máquinas no cultivo ou no tratamento de suas plantações. A partir da segunda metade da década de 1950, máquinas motorizadas vieram em auxílio da decrescente força de trabalho, e um uso maior de fertilizantes e inseticidas permitiu o aumento da produção por trabalhador por acre.

Deste modo, considerando que o Japão não estava disposto a se tornar fortemente dependente de importações, o melhoramento na produtividade agrícola foi uma condição necessária do progresso industrial, dado que, de outro modo, a força de trabalho necessária na crescente indústria não teria estado disponível. Ao mesmo tempo, o desenvolvimento industrial contribuiu para o aumento na eficiência agrícola, já que permitiu aos agricultores obter máquinas e fertilizantes químicos, bem como outros bens de capital, a um custo reduzido. Além disso, avanços no conhecimento em biologia levaram a melhorias na qualidade das sementes, plantas e animais, enquanto melhorias no transporte facilitaram o acesso aos mercados e promoveram uma alocação mais eficiente de recursos. Pode-se dizer que a experiência do Japão pós-guerra apoia a teoria de que o progresso rápido é mais bem promovido por avanços concorrentes na agricultura e na indústria.

É indiscutível, no entanto, que os aumentos na produção agrícola permitidos pelos desenvolvimentos técnicos só foram atingidos a um alto custo para os contribuintes e consumidores. E isto se deve em grande parte à persistente divisão da terra em propriedades muito pequenas, nas quais os equipamentos de capital permanecem sem uso por muito tempo – apesar da prática de aluguel por tempo limitado. Isto quer dizer que o capital investido na agricultura é usado com muito desperdício. Houve tentativas de superar esta desvantagem com esquemas de administração conjunta de várias propriedades, mas isso foi feito com sucesso principalmente nos ramos de desenvolvimento mais recente na agricultura, pouco afetando a produção de arroz.

As principais razões para a recusa em desistir da produção de arroz se devem a vários fatores. A sua produção permanece como cultivo ideal para o trabalhador agrícola em tempo parcial, dado que requer comparativamente pouco trabalho – a não ser nos períodos de transplante das mudas e da colheita; seu rendimento é bem estável; e, acima de tudo, o agricultor não tem problemas para comercializar sua produção, já que ele pode vendê-la para o governo a um preço garantido. A persistência das pequenas propriedades também pode ser vista como uma consequência da confiança do pequeno agricultor na apreciação do valor de sua terra, estimulando-o a não vendê-la. O grande investimento necessário para financiar qualquer mudança na escala das operações agrícolas também pode ser visto como um impedimento para a consolidação das propriedades.

Notas finais: novos desafios

Em tempos mais recentes, quando o comércio da maioria dos bens manufaturados foi liberado, a agricultura ocupa o último refúgio da proteção. Países como Austrália, EUA, Canadá e outros europeus – que poderiam vender grandes quantidades de alimentos ao Japão sob um regime de livre importação – reclamam dessas barreiras. E os consumidores urbanos reclamam do alto preço dos alimentos, que alegam ser uma resultante da política de proteção.

Embora o custo, político e econômico, da manutenção da política agrícola tenha aumentado nos últimos tempos, é duvidoso de que haja mudanças no futuro iminente. A comunidade agrícola desfruta no presente de diversas vantagens, dado que a política agrícola está assentada na manutenção artificial da quase paridade entre as rendas agrícola e rural. Os membros mais jovens das famílias rurais ganham altos salários nos setores das indústrias ou serviços, permitindo uma constante melhoria na renda real da família rural. Os chefes de família, especialmente aqueles cujas terras estão próximas às cidades, podem esperar por uma contínua e acentuada valorização de suas propriedades.

Em contrapartida, o contexto político internacional fortalece o argumento da segurança. A lista de produtos nos quais o Japão não é autossuficiente inclui alguns dos mais importantes: trigo, cevada, soja, açúcar, óleos e gorduras. A crescente indústria de animais de corte depende fortemente de alimentação animal importada, já que há pouca terra de pastagem no Japão.

É provável que a demanda por carne e outros derivados de animais de corte cresça substancialmente com a prosperidade do Japão e este crescimento vai ser acompanhado por um declínio cada vez maior na importância do arroz, aumentando a demanda por importados. Mas isso é outra estória...

Referências

ALLEN, G. C. *The japanese economy*. London: Weidenfeld and Nicolson, 1981.

FRANCKS, P. "The macroeconomic role of agriculture in Japan's development" e "Technical change in pre-war agriculture", *in:* KORNICKI, Peter (org.). *Meiji Japan* – political, economic and social history (1868-1912), v. III, London: Routledge, 1998.

_____. "Peasantry, proletariat or private enterprise? The Japanese farmer in the industrialization process", *in*: KORNICKI, Peter (org.). *Meiji Japan* – political, economic and social history (1868-1912), v. II. London: Routledge, 1998.

HAVENS, T. R. H. "Early modern farm ideology and the growth of Japanese agriculture, 1870-1895", *in:* KORNICKI, Peter (org.). *Meiji Japan* – political, economic and social history (1868-1912), v. I. London: Routledge, 1998.

KING, Russell. *Land reform:* a world survey. London: Ed. G.Bell & Sons, 1977.

MACPHERSON, W. J. *The economic development of Japan*: 1868-1941. London: Macmillan Education, 1987.

SHUZ, Teruoka. "Land reform and postwar Japanese capitalism", *in:* MORRIS--SUZUKI, T. e SEIYAMA, T. (orgs.). *Japanese capitalism since 1945:* critical perspectives. London: East Gate Book e M. E. Sharpe, Inc., 1989.

SILVA, J. G. *Reforma Agrária no Brasil.* Rio de Janeiro: Zahar Editores, 1971.

TAKEKAZU, Ogura. *Agrarian problems and agricultural policy in Japan*: a historical sketch. Tokyo: Institute of Developing Economies, 1973.

TOTMAN, Conrad. "From sakoku to kaikoku: the transformation of foreign policy attitudes, 1853-1868", *in:* KORNICKI, Peter (org.). *Meiji Japan* – political, economic and social history (1868-1912), v. I. London: Routledge, 1998.

_____. *A History of Japan*. Oxford: Blackwell Publishers, 2000.

VEIGA, José Eli da. *O desenvolvimento agrícola*: uma visão histórica. São Paulo: Edusp/Hucitec, 1991.

YANG, W.Y. *El desarrollo agricola en el Japon*. Roma: Organización de las Naciones Unidas para la Agricultura y la Alimentación, 1963.

EXPERIÊNCIAS DE REFORMA AGRÁRIA CLÁSSICA EM PAÍSES DA EUROPA OCIDENTAL

JOÃO PEDRO STEDILE
LUCAS BEZERRA

ANALISADA HISTORICAMENTE A REALIDADE de países da Europa em que teve lugar a revolução burguesa de tipo clássico, como França, Inglaterra e outros da Europa Ocidental, podemos afirmar que o desenvolvimento capitalista e seu consequente padrão urbano-industrial não teriam sido viabilizados sem, antes, alterarem em larga medida a dinâmica das relações sociais e de produção no campo, que até então era o principal polo dinamizador da vida em sociedade.

Uma primeira transformação de relevo, ainda do período da chamada acumulação originária, foi o cercamento das terras levado a efeito entre os séculos XV e XVI, ocasionando a expulsão de camponeses. Esta medida, que apartou radicalmente os produtores diretos dos meios de produção, constituiu uma condição primária ao desenvolvimento da manufatura e, mais adiante, da grande indústria moderna, que demandava imensas massas de proletários a seu dispor.

Amplamente retratado por Marx no capítulo de *O capital* intitulado "A assim chamada acumulação primitiva", este processo ocorreu com o emprego direto da violência e da lei como instrumento de roubo. Na Inglaterra, por exemplo, em meio à crise do modo de produção feudal,[1] construiu-se uma limpeza das propriedades, que consistia em expulsar os produtores diretos das terras em que trabalhavam para transformar o direito titular ao solo em direito de propriedade privada. O objetivo não era outro senão "transformar a terra em mero artigo de comércio, ampliar a área da grande exploração agrícola, aumentar o suprimento dos proletários sem direitos, enxotados da terra etc." (Marx, 1980, p. 840-844).

Daí resulta uma segunda transformação importante: as relações agrícolas ingressam no comércio via monetarização, ou seja, subordinam-se à relação de compra e venda mediada pelo dinheiro. Presenciava-se ali um período de florescimento do comércio e ascensão do mercantilismo. Sob a lógica da propriedade, a terra passa a obter a qualidade de mercadoria; e mais, uma *mercadoria especial*, tendo em vista que é um meio de produção universal. A este respeito, um detalhe importante merece destaque: ao tempo em que a mercadoria terra concentra-se nas mãos de poucos, o mesmo ocorre com a apropriação privada do excedente da produção de alimentos.

Essas duas transformações, apreendidas de modo combinado, cumpriram papel determinante nas tensões sociais, políticas e econômicas relacionadas a um terceiro elemento: a formação do mercado interno. Germinava ali, ainda, uma profunda reconfiguração nas classes sociais. Surgem, em graus

---

[1] Data desse período histórico, também, a instituição do Estado absolutista, entendido como reação autoritária dos proprietários fundiários (senhores feudais) às mobilizações dos camponeses (servos). Entre os séculos XIV e XVI, em países como França, Inglaterra e Alemanha, ocorreram importantes iniciativas políticas dos camponeses por melhores condições de reprodução social.

diferenciados, o moderno grande proprietário de terras,[2] o arrendatário capitalista, o assalariado, o capitalista industrial.

A relação entre os referidos elementos – aqui tomados tão somente como ponto de partida histórico – e o desenvolvimento das forças produtivas levado a cabo pelo modo de produção capitalista constituem aspecto-chave para apreender as experiências "clássicas" de reforma agrária na Europa. Sem considerar este terreno histórico, não se entenderia, mesmo em linhas gerais, o que veio *a posteriori* com as revoluções burguesas.

Em particular a partir da segunda metade do século XVIII, sob o impulso da Revolução Industrial deflagrada na Inglaterra, diversos países da Europa reordenaram estruturalmente a vida econômica e social: expandiu-se o operariado, e as cidades – até então organizadas predominantemente em torno do artesanato e da comercialização de produtos agrícolas – tornaram-se polo dinâmico da luta de classes. Com o advento das revoluções burguesas "clássicas", período que se estende até a primeira metade do século XIX na Europa Ocidental, a nova classe hegemônica, a burguesia (particularmente sua fração industrial), viu-se diante de um expressivo problema agrário: a concentração da propriedade da terra, originária daqueles resquícios de crise do feudalismo, passou a obstaculizar o desenvolvimento das forças produtivas no campo e na indústria.

Em função disso, sobretudo a partir da experiência da Revolução Francesa, compreenderam a concentração da propriedade, naquelas circunstâncias específicas, como um im-

---

2 O historiador marxista Eric Hobsbawn, em *Da revolução industrial inglesa ao imperialismo*, faz um comentário interessante: "Pertencer às classes superiores significava possuir uma propriedade e uma 'cadeira' (no Parlamento). Ser proprietário rural era o preço a pagar para entrar na alta política. [...] Os grandes proprietários de terra eram ricos e poderosos, e os ricos e poderosos eram proprietários de terra, embora nem todos pudessem ser duques" (Hobsbawn, 1979, p. 90-91).

pedimento, uma trava ao desenvolvimento das relações que estavam a instituir. À época, como a burguesia ainda estava na vanguarda das lutas sociais, propuseram a distribuição/democratização da propriedade da terra, programa este caracterizado como reforma agrária. Foi esta a saída encontrada pela burguesia. Deste modo, implantou-se uma estrutura de pequenas e médias propriedades que perdura até hoje, salvaguardadas as devidas mediações históricas dos diferentes estágios do desenvolvimento capitalista.

A configuração política e econômica desse processo, nos diferentes países da Europa Ocidental, não possui uma uniformidade linear. Embora a distribuição de terras constitua um eixo em comum, há particularidades relacionadas à realidade específica de cada país que não nos cabe adensá-las neste comentário introdutório, tendo em vista que aqui nos interessa somente um panorama mais geral, que certamente será aprofundado nos volumes seguintes desta coletânea com atenção peculiar à cada formação econômico-social.

Esse tipo de reforma agrária foi, a rigor, o primeiro desencadeado pelo Estado Moderno dominado pela burguesia industrial. De dimensão ampla, contando com a participação massiva da população, compreendeu medidas governamentais e leis específicas, tudo sob a condução da burguesia industrial. Havia, de um lado, um princípio político democrático de garantir o acesso à terra a todos os cidadãos; e ao mesmo tempo, de outro, uma razão econômica muito nítida, centrada no objetivo de acelerar a constituição de um mercado interno para a indústria. Além disso, representou também a extensão da propriedade privada da terra (paradigma burguês de sua revolução) para os camponeses. Com isso, constituiu-se uma complexa aliança de classes entre a burguesia industrial e o campesinato.

No entanto, como dissemos, a forma como se realizou a distribuição da terra, a consolidação da propriedade privada aos camponeses, teve suas especificidades em cada país, ainda que na análise dos clássicos que estudaram esses processos a fundo, basicamente Karl Marx e Karl Kautsky, registrem-se duas principais formas na Europa Ocidental: i) a *via clássica* (Inglaterra, França, EUA), que representou a concentração da propriedade da terra nas mãos da burguesia e a expulsão dos camponeses, que se transformaram em proletários urbanos; ii) a *via prussiana*, em que o capitalismo industrial se desenvolveu em parceria com a unidade camponesa de produção agrícola, que resultou em consumidora dos bens da indústria.

Após o ciclo das revoluções burguesas clássicas – substancialmente encerrado no fim da primeira metade do século XIX, momento em que a burguesia abandona seus ideais progressistas –, o início do século XX é marcado por acontecimentos importantes na realidade agrária de países da Europa. Findada a Primeira Guerra Mundial (1914-1918), com o estouro da Revolução Russa em 1917, mobilizada sob o lema de *pão, paz e terra*, as burguesias daquele continente que ainda não haviam realizado a reforma agrária perceberam-se em estado de alerta. Com receio de revoluções proletárias em seus países, o período que vai de 1917 a 1920 é marcado pela implantação de leis de reforma agrária em vários países da Europa Oriental.

Ao fim da Segunda Guerra Mundial, em 1945, o problema agrário mais uma vez apareceu com força no continente europeu. Num período curto de quatro anos, entre 1944 e 1948, muitos países do Leste europeu levaram a cabo experiências de reforma agrária, dentre eles Iugoslávia, Tchecoslováquia, Polônia, Alemanha Oriental, Romênia, Hungria e Bulgária.

Em todas essas experiências, grandes propriedades foram expropriadas e socializadas, organizando a produção e a distribuição em conformidade com os interesses do desenvolvimento capitalista naqueles países. Do ponto de vista da *forma* da distribuição fundiária, alguns Estados nacionais colocaram a terra sob seu próprio controle via empresas estatais ou cooperativas; em outras realidades, a exploração agrícola obteve um caráter efetivamente privado, coordenado pelo mercado.

A tabela a seguir, com dados das décadas de 1950 e 1960, fornece um interessante panorama sobre a estrutura de países europeus ocidentais que realizaram reformas agrárias de tipo clássico.

Tabela 1 – Estrutura fundiária dos principais países da Europa Ocidental que realizaram reformas agrárias clássicas (dados das décadas 1950/1960).

País/Ano	Estabelecimento até 20 ha	Estabelecimento de 0 – 50 ha
Alemanha (1962)	91%	99%
Áustria (1960)	83%	96%
Bélgica (1959)	93%	99%
Dinamarca (1961)	64%	88%
Espanha (1962)	89%	96%
Finlândia (1959)	96%	99%
França (1955)	80%	96%
Grécia (1950)	99%	100%
Irlanda (1960)	71%	90%
Islândia (1960)	86%	-
Itália (1961)	97%	99%
Luxemburgo (1962)	70%	98%
Noruega (1959)	98%	100%
Holanda (1959)	85%	99%
Portugal (1960)	95%	99%
Reino Unido (1960)	64%	80%
Suécia (1961)	84%	97%
Suíça (1955)	96%	100%
Turquia (1952)	94%	98%

Fonte: OCDE, Paris, 1964.

Referências

HOBSBAWM, E. *Da revolução industrial inglesa ao imperialismo.* Rio de Janeiro: Forense Universitária, 1979.

MARX, K. *O capital:* crítica da economia política. Rio de Janeiro: Civilização Brasileira, 1980.

PARTE II

REFORMAS AGRÁRIAS REFORMISTAS

AMÉRICA LATINA: REFORMAS AGRÁRIAS NO SÉCULO XX[1]

SÉRGIO GÓMEZ

Apresentação

Embora a proposta deste artigo se limitasse somente às reformas da segunda metade do século XX, considerou-se necessário fazer uma menção – não uma análise – à reforma agrária do México, devido à sua importância como referência para o que acontece posteriormente em todo o continente.

Por esta razão, neste artigo se expõe uma visão geral das reformas agrárias que ocorreram durante o século XX na América Latina e no Caribe (já que o caso de Cuba está incluído), contendo uma tipologia que ordena a apresentação de acordo com o significado, magnitude e características de cada uma delas, que também coincide com uma sequência temporal. Nós as agrupamos como as reformas agrárias:

---

1 Trabalho preparado para um número especial da *Revue d'Histoire Moderne et Contemporaine* (RHMC) sobre as reformas agrárias na história e no mundo. Parte dos antecedentes apresentados se baseia na Consulta de Especialistas em Reforma Agrária organizada pelo Escritório Regional da FAO para a América Latina e Caribe, em dezembro de 2006, na qual participei como coordenador acadêmico. Também faz parte de um trabalho apresentado no Seminário *"La actualidad de la reforma agraria en Latinoamerica y Caribe"*, em 25 de outubro de 2008, Assunção, Paraguai, durante a 8ª Reunião do Grupo de Trabalho de Desenvolvimento Rural – Clacso – *"Soberanía Alimentaria y Agroenergia"*, Assunção, Paraguai, 19 a 26 de outubro de 2008.

i. Clássicas, que abarcam México, Bolívia e Cuba;
ii. Massivas pós-1960, que abrangem a maioria dos países;
iii. Tardias, que incluem vários países já abordados e acrescentam outros.

Termina com algumas reflexões sobre o significado conceitual deste processo que foi de grande importância durante todo o século XX na América Latina e Caribe.

O enfoque

Uma explicação sobre o enfoque adotado. O público leitor determina o enfoque adotado. Supõe-se que é um público que não tem familiaridade com a realidade de nossos países e que não se trata de especialista "agrarista" [...]. Portanto, mais do que um relato pormenorizado de fatos e de processos de cada país, será dada ênfase no sentido que tiveram.

Então, o foco será basicamente interpretativo dos fenômenos analisados. Portanto, insiste-se, não permanecerá na descrição dos órgãos legais, institucionalidade pública e privada, atores que participaram nesses processos, quantificação detalhada do alcance dos processos e seus impactos quantitativos. Todos esses antecedentes estão devidamente registrados em uma ampla literatura disponível.[2]

---

[2] Destacam-se apenas os textos que têm uma abrangência regional já que, além disso, se dispõe de uma abundante literatura para cada um dos países. Ver: Solon Barraclough e Juan Carlos Collarte. *El Hombre en América Latina*: resumen de los Informes del Comité Interamericano de Desarrollo Agrícola (Cida) sobre tenencia de la tierra en Argentina, Brasil, Colombia, Chile, Ecuador, Guatemala y Perú. Santiago: Editorial Universitaria, 1972; Henry Landsberger. *Latin American Peasant Movement*. Ithaca: Cornell University Press, 1969; Óscar Delgado. *Reformas agrarias en la América Latina*. Ciudad de México: Fondo de Cultura Económica, 1965; Gerrit Huizer. *El potencial revolucionario del campesino en América Latina*. Las luchas campesinas del siglo XX. Madrid: Editorial Siglo XXI, 1973: Ernest Feder. *Violencia y despojo del campesino*. Latifundismo y explotación capitalista en América

Esta opção, que supõe uma manifestação de confiança nos argumentos que se apresentam, tem como aval um trabalho sistemático como acadêmico de várias décadas na maioria dos países da região e de um conhecimento direto da maioria dos processos que analiso. No caso do Chile, além de acadêmico – como persistente pesquisador e professor –, fui um ator direto nesses processos. Mas é necessário fazer uma reflexão mais geral antes de entrar na análise das reformas agrárias do século XX.

Antecedentes históricos na América Latina

A origem dos processos de concentração da terra tem a ver basicamente com dois fatos: a forma como se deu a conquista da América e a característica fundamental que distingue esta região das demais.

A conquista

Embora a Conquista da América, em seus primórdios, tenha se concentrado na busca e exploração de metais preciosos, ouro e prata, a agricultura tornou-se cada vez mais importante e a distribuição da terra foi extremamente desigual desde o início. O estabelecimento de grandes fazendas entregues aos conquistadores de *status* elevado, em sua versão tradicional, nas estâncias de gado ou nas plantações de produtos tropicais, tem sua origem no início do período colonial. Na mesma época, nasce a pequena propriedade que é entregue aos colonizadores de menor *status* e são assentadas as populações indígenas que conseguiram sobreviver.

Latina. México: Universidad Nacional Autónoma de México. Instituto de Investigaciones Económicas, 1978; Ernest Feder. *Lucha de clases en el campo:* análisis estructural de la economía latinoamericana. México: Fondo de Cultura Económica, 1973.

Esta situação de extremos no tamanho das propriedades rurais ficou conhecida como o complexo latifúndio-minifúndio. O desenvolvimento histórico deste complexo consistiu em um fortalecimento e ampliação do latifúndio e, paralelamente, o enfraquecimento e fracionamento do minifúndio que vigorou até o século XX.

A desigualdade

Quando se busca caracterizar a realidade que os países dos continentes do Sul têm, em termos demográficos, econômicos e de recursos, algumas semelhanças se destacam, como baixos níveis de desenvolvimento e altos níveis de pobreza. Quando as diferenças são destacadas, há uma que claramente se sobressai: os *níveis de desigualdade* observados na América Latina são superiores à situação encontrada em outros continentes. Há também concordância de que essa desigualdade não é uma condição que tenha surgido nos últimos tempos, mas, ao contrário, tem sua origem em um longo processo histórico e, em vez de ter sido atenuada, aprofundou-se.

Esse desenvolvimento histórico, juntamente com essa situação de extrema desigualdade, é a realidade que se encontra como pano de fundo desde começos do século XX, quando são iniciadas as reformas agrárias na América Latina.

A reforma agrária

O pressuposto é de que a superação da pobreza rural e a falta de dinamismo do setor agropecuário na América Latina eram explicados pelo sistema predominante de posse da terra e que a reforma agrária era o instrumento para superar essa situação.

Antes de entrar na análise dos processos que ocorrem em todo o continente, devemos destacar os extremos. Nesse caso, o México representa o exemplo emblemático de referência das reformas para todos os países da região. Em contrapartida, dentro da América Latina, em apenas dois países a reforma agrária não chegou a ser uma questão: Argentina e Uruguai (embora sobre este último se afirme que dispunha de uma lei de colonização, a da Lei n. 11.029, de 1948). Nossa explicação é que nesses dois países o chamado "problema agrário" nunca existiu, na medida em que, nos períodos do auge das reformas, tinham uma agricultura altamente eficiente, ligada aos principais mercados agropecuários mundiais da época, de carne e de trigo, com solos de altíssima fertilidade. A reforma agrária deve ser colocada entre os mais importantes processos políticos ocorridos em todos os países da América Latina no século XX, juntamente com a urbanização, a industrialização e a modernização; a instabilidade política e os golpes de Estado; e os ajustes estruturais de finais do século, que geraram uma onda expansiva do reformismo agrário em todo o continente.[3]

Reformas agrárias clássicas

Na América Latina, o México, como já foi mencionado, é o berço da reforma agrária com o lema zapatista: "terra para quem, com suas mãos, nela trabalha".

As reformas clássicas começam com a Revolução Mexicana de 1910, seguem com a boliviana de 1953 e culminam com a cubana de 1959. A primeira e a última são simbólicas: a mexicana proporciona estabilidade política. A cubana é percebida como uma ameaça potencial para além de suas fronteiras.

México

A Revolução Mexicana é uma referência obrigatória desse processo em toda a região. É o processo mais importante em

---

[3] Ver anexo Leis de Reforma Agrária na América Latina no século XX.

função da amplitude social, com uma duração de quase um século, de forma intermitente, com um impacto positivo do ponto de vista do sistema político como um todo, mas com um impacto negativo no desenvolvimento agrário e rural.

Inicia-se em 1910, juntamente com o movimento armado, e termina nos anos 1990, quando o governo do México assina o Tratado Norte-Americano de Livre Comércio com os Estados Unidos, em 1992, e o artigo 27 é reformado. A Revolução Mexicana que começou naquele ano contra a ditadura de Porfírio Díaz foi um esforço significativo em que se destacam as lutas zapatistas no Estado de Morelos, no governo de Lázaro Cárdenas na década de 1930 e no governo de Luis Echeverría na década de 1970. Para se ter uma ideia das dimensões, recorro a Arturo Warman, antropólogo, autor clássico da reforma naquele país, destacado intelectual e ativo participante do processo, que escreveu:

> No decorrer de um longo período, foram entregues aos camponeses mais de 100 milhões de hectares de terra, equivalentes à metade do território do México e quase dois terços da propriedade rural total do país, nos quais se estabeleceram cerca de 30 mil *ejidos*[4] e comunidades que abrangeram mais de 3 milhões de chefes de família. No entanto, a reforma não alcançou o bem-estar perseguido, e os camponeses envolvidos vivem hoje em extrema pobreza.[5]

Para concluir, sobre este caso há, pelo menos, cinco aspectos a destacar.

Primeiro, é um exemplo de uma reforma agrária nascida da profundidade da demanda camponesa. É a mais *autônoma* de todas, diferentemente da maioria, que são processos induzidos.

---

[4] Comunidades rurais ou propriedades rurais de uso coletivo. (N. E.)

[5] Ver: Arturo Warman. "La reforma agraria mexicana: una visión de largo plazo". Disponível em: http://www.fao.org/docrep/006/j0415t/j0415t09.htm. (N. E.)

Segundo, é o caso, dentro do conjunto, em que se constata maior *persistência*. Indo de 1910 até a década de 1990, com diferentes ritmos e intensidades, é a que mais tem perdurado em toda a região.

Terceiro, é um caso em que as terras atingidas pela reforma são distribuídas em uma forma especial de propriedade, seja coletiva seja individual, que *é deixada fora do mercado de terras*. É verdade que houve formas disfarçadas de arrendamentos, mas de forma ilegal.

Quarto, constitui-se um grande paradoxo, que é a pouca importância do setor do *ejido* hoje, do ponto de vista da produção, enquanto a modernização da agricultura mexicana ocorreu no setor privado. Na atualidade, essa realidade está se tornando mais grave, deixando o *ejido* à margem das políticas produtivas e somente como alvo de políticas sociais assistencialistas.

Finalmente, essa precoce reforma agrária é, em minha opinião, um fator importante para que o México seja o *país politicamente mais estável* de toda a América Latina. É o único país do continente que não registra interrupções institucionais, um eufemismo para se referir a golpes de Estado durante o século XX.

Bolívia

Realizada em 1953, em termos cronológicos é a segunda reforma agrária, e embora tenha sido importante quando foi realizada, foi a que deixou menos marcas que tenham persistido até o presente.

Em abril de 1952, ocorreram muitas revoltas populares que levaram a uma Revolução Nacional, processo de transformação com intensa participação cidadã, com distribuição de terras, com o controle do Estado sobre os recursos naturais e sobre a economia boliviana.

A revolução boliviana de 1953 entregou terras aos camponeses do altiplano com quatro finalidades: a) fornecer terra aos camponeses que não a possuíssem ou a possuíssem em grau insuficiente e, para isso, expropriando os latifundiários; b) proibir serviços pessoais e gratuitos, com caráter de servidão, instituindo o sistema salarial como única forma de pagamento ao trabalhador rural por seu trabalho; c) reivindicar a terra das comunidades indígenas que foram apropriadas por meio de fraude, influência política e de extorsão administrativa para convertê-las em cooperativas de produção; e d) promover a exploração racional e intensiva da terra, a fim de alcançar a autossuficiência alimentar no país.

Foram beneficiadas aproximadamente 126 mil famílias com 4.251.600 ha, dos quais 44,1% corresponde a propriedades individuais; 53,85% a propriedades coletivas, e 2,07% a outras modalidades.

Efetivamente a reforma acabou com o sistema de latifúndio e de servidão que havia no altiplano. É verdade que foi uma reforma muito radical, mas atualmente nas regiões do altiplano e dos vales na região de Cochabamba, onde foi instaurada, o cenário é de estagnação e pobreza.

Na localidade de Ucureña, em Cochabamba, existia uma fazenda do mesmo nome, onde a reforma foi promulgada em meio a uma imponente mobilização camponesa, em 2 de agosto de 1953. Atualmente, uma imensa estátua de um camponês se sobressai como uma lembrança simbólica daquele processo. Em suas mãos, ao longo do tempo, lhe puseram sucessivamente uma arma ou um livro, conforme as diversas conjunturas políticas que o país tenha vivido.

Atualmente, o motor do desenvolvimento agrário do país está localizado em Santa Cruz, onde a reforma agrária nunca foi aplicada.

Cuba

O caso da reforma agrária em Cuba deve ser analisado em duas dimensões: i) o impacto da reforma agrária no próprio país; ii) o impacto continental na medida em que desencadeia uma dinâmica em todo o continente.

Uma das primeiras medidas tomadas após o triunfo da Revolução Cubana foi proclamar uma Lei de Reforma Agrária, em 1959, que mais tarde, em 1963, foi complementada pela segunda Lei de Reforma Agrária. A reforma agrária expropriou os latifúndios em mãos de cubanos e nacionalizou os que estavam em posse de empresas estadunidenses. O Estado cubano controlava diretamente 84% das terras e o restante estava nas mãos de um setor camponês.

Após esse processo, nos últimos anos, observa-se um processo de recomposição do campesinato, por meio da entrega individual de terra em usufruto e de um programa massivo de agricultura urbana. No primeiro, em 2012, foram entregues 1.538.000 ha para 172 mil usufrutuários. Destes, 10% correspondem a mulheres e 35% são jovens com menos de 35 anos de idade. O programa prevê a entrega de 500 mil ha, representando 8% das terras agrícolas.

As terras foram gradualmente entregues desde os primeiros anos da década de 1990, no início do período especial, e após a queda do campo socialista europeu.

Inicialmente, foram destinadas à produção de tabaco (cultura de exportação); em seguida, distribuídas para o cultivo de café, para a produção de alimentos em hortas populares, para fortalecer o consumo familiar, para o plantio de arroz, mas depois de 2008, quando o Decreto-Lei n. 259 foi promulgado, acelerou-se a entrega de terras que estavam ociosas.

Outro aspecto a considerar é o caráter simbólico e seu impacto no continente. De fato, para se contrapor à influência política da Revolução Cubana, o governo do presidente Kennedy propôs aos vários países latino-americanos o pacto da Aliança para o Progresso, assinado em Punta del Este (Uruguai), em 1961. Através desse acordo, os governos da América Latina se comprometeram a fazer mudanças estruturais – entre outros, a reforma agrária – em contrapartida da ajuda econômica estadunidense. Cientistas sociais estadunidenses fizeram uma dupla avaliação da Revolução Cubana: i) que os camponeses cubanos tinham desempenhado um papel ativo na revolução, e ii) que valia a pena aliar-se aos setores progressistas da região para liderar as mudanças, caso contrário, acabariam sendo impostas contra eles. Isso explica por que, a partir de 1961, foram promulgadas leis agrárias em quase todos os países da América Latina.

Sobre a reunião da Organização dos Estados Americanos (OEA) em Punta del Este, há que destacar três fatos:

a) Cuba foi expulsa da OEA e iniciou-se o bloqueio contra aquela ilha;
b) estabeleceu-se o Programa da Aliança para o Progresso; e
c) Che Guevara, como representante de Cuba na reunião, profetizou que, junto com a exclusão de seu país, não deveriam esquecer que cada dólar que receberiam tinha um nome: "a Revolução Cubana".

A Carta de Punta del Este recomendou à OEA, em colaboração com outros organismos internacionais interessados na agricultura latino-americana, que preparasse um informe relativo à reforma agrária. Dessa maneira, foi constituído o Comitê Interamericano de Desenvolvimento Agrícola (CIDA) que, além da OEA, foi integrado pelo Banco Interamericano de Desenvolvimento (BID), pela Cepal, IICA e a FAO. Este conjunto de instituições elaborou informes para cada um dos países sobre a "posse da terra e o desenvolvimento socioeconômico do setor agrícola". Alguns desses estudos já são clássicos na bibliografia especializada e *todos* recomendavam a realização de reformas agrárias.

A esse conjunto de fatores favoráveis devem ser adicionadas as mudanças nos setores do clero, anteriormente defensores dos grandes proprietários de terras, e que se declararam em favor da reforma agrária. Emblemáticas foram as figuras do bispo dom Helder Câmara, no Brasil, dos bispos chilenos dom Manuel Larraín e dom Raúl Silva e a figura do padre católico colombiano Camilo Torres, que se juntou a grupos guerrilheiros.

Em suma, foi criado um amplo ambiente sociopolítico favorável à realização da reforma agrária em todo o continente.

Reformas agrárias massivas pós-1960

Nesse contexto, ocorre a massificação das reformas agrárias na América Latina após 1960.

Como pode se observar no Anexo, leis de reforma agrária são promulgadas praticamente em toda a América Central e do Sul. Na maioria dos casos, são realizados alguns processos limitados e, em grande medida, sua decretação é uma condição formal para ter acesso aos créditos vinculados à Aliança para o Progresso. Os casos mais relevantes são mencionados a seguir.

América Central

Na América Central, é na Nicarágua onde a reforma agrária alcança maior profundidade, com a vitória do sandinismo. Guatemala é um exemplo de experiência frustrada.

Nicarágua

Neste caso, deve-se considerar duas etapas: a tímida reforma agrária realizada pelo regime de Somoza e aquela realizada pelo sandinismo.

Em 1964, funda-se o Instituto Agrário da Nicarágua (IAN). Nas décadas de 1960 e 1970, os conflitos guerrilheiros no Norte e os conflitos de terra na região do Pacífico se intensificaram. Durante esse período, 63 colônias equivalentes a 29.147 hectares foram criadas, beneficiando 2.651 famílias. No final dos anos 1970, estimava-se que mais 16.500 famílias detinham título de propriedade.

Vem, em seguida, a reforma agrária sandinista. No mesmo dia da vitória da Revolução Sandinista, os camponeses precaristas[6] tornaram-se os proprietários de fato – embora sem títulos – das parcelas que ocupavam anteriormente. Na sequência, o critério político com o qual se procede o confisco das terras possibilita tomar posse das fazendas da família Somoza e de seus agregados (em sua maioria, se tratava das empresas mais desenvolvidas do país).

O número de beneficiários da reforma agrária sandinista ultrapassou 90 mil famílias, das quais 41% no modo cooperativo e 59% individuais (34% delas em caráter precarista). As famílias beneficiárias da reforma agrária representam cerca de 75% das 120 mil famílias que poderiam ser consideradas público-alvo da reforma agrária, sem levar em conta os então trabalhadores de empresas estatais.

Guatemala

O caso da Guatemala é a frustrada reforma agrária de Arévalo e Jacobo Arbenz, em 1953, que distribuiu terras para aproximadamente 100 mil famílias camponesas. Mas o processo foi interrompido e revertido pela contrarrevolução apoiada pela transnacional das bananas United Fruit e pelo governo dos Estados Unidos. Curiosamente, embora essa re-

---

6 Meeiros, parceiros, arrendatários. (N. E.)

forma agrária seja muito anterior àquelas da década de 1960, a literatura não costuma registrá-la nas reformas anteriores a esse período.

A reforma agrária de 1962 corresponde a uma reforma limitada e parcial, que cumpria formalmente os requisitos da Aliança para o Progresso, mas não chegou a afetar a estrutura agrária do país. Esses problemas permanecem até hoje.

América do Sul

Chile e Peru representam situações em que a reforma agrária foi aplicada com mais profundidade, sem que isso coincidisse necessariamente com uma mudança global. No entanto, elas se distanciam dos objetivos precisos propostos na Aliança para o Progresso. No caso do Chile, a primeira versão (1962-1964) corresponde à resposta formal de um governo conservador às exigências da Aliança para o Progresso. A segunda reforma realizada durante o governo de Frei Montalva (1965-1970), no entanto, representa uma aplicação real com forte conteúdo progressista que, como fruto das mobilizações camponesas, foi além das prescrições da Aliança para o Progresso. Nesse caso, tratava-se de eliminar o latifúndio, definido como uma estrutura economicamente ineficiente e socialmente injusta. Finalmente, a reforma aplicada até o ano de 1973 se inclui em um processo de mudanças mais globais propostas pelo governo de Salvador Allende. O caso do Peru apresenta uma situação inédita, pois refere-se a um governo militar-autoritário-progressista, que não tem precedentes na América Latina. O governo do general Velasco manteve uma política independente em relação aos interesses do governo estadunidense e avançou para formas de propriedade social nas terras expropriadas pela reforma agrária.

Chile

O processo começa com a primeira Lei de Reforma Agrária, promulgada durante o governo de Jorge Alessandri (1958-1964), em resposta à Aliança para o Progresso, com uma aplicação muito limitada, fundamentalmente em propriedades pertencentes ao próprio Estado.

Durante o governo de Eduardo Frei (1964-1970), é promulgada uma nova lei que aprofunda o processo, chega a desapropriar cerca de 34% da terra expropriável de todo o país e estabelece as bases para a próxima etapa, período em que a reforma agrária alcança sua mais alta expressão e apoio político. Assim, durante o governo de Salvador Allende (1970-1973), é realizada a reforma agrária mais radical. Nos 34 meses de governo, foram desapropriadas 4.490 propriedades com 6,6 milhões de hectares. No final do seu governo, o grande latifúndio havia desaparecido no Chile.

No entanto, o processo termina com o Golpe Militar, para dar lugar a um período de contrarreforma (1973-1980) que consegue reverter parcialmente o processo inicial, através da revogação de expropriações; transferências de terras para proprietários privados; leilões de propriedades; destinação de terras para órgãos públicos e Forças Armadas; a suspensão de todas as organizações camponesas, a abolição da Lei de Reforma Agrária e da sindicalização de camponeses e a criação de um mercado livre de terras.

Vale a pena considerar que um fator fundamental no colapso do sistema institucional, em 1973, é a forte mobilização empresarial contra o governo de Allende; nos territórios com predominância rural, as organizações dos empresários agrícolas em conjunto com a dos transportadores – basicamente de produtos alimentícios – desempenharam um papel proeminente na medida em que desmantelaram o sistema de distribuição de abastecimento de produtos básicos. Isso explica – em parte – o revanchismo com que foram tratados os líderes mais expressivos das organizações camponesas.

Peru

No caso do Peru, deve-se destacar a radicalidade do processo liderado por militares progressistas. A reforma agrária foi realizada entre 1969 e 1979. Durante o processo se conseguiu mudar completamente a estrutura de posse da terra, atingindo cerca de 70% em mãos da pequena produção (até 10 hectares), situação que se mantém até hoje. Os resultados do processo são considerados positivos em termos da democratização do sistema produtivo agrário, mas não em termos de modernidade e desenvolvimento das forças produtivas.

Outro aspecto interessante de destacar é a intensa mobilização social que ocorreu no campo em apoio à reforma. A partir do próprio Estado, foi estruturado um Sistema Nacional de Mobilização Social (Sinamos), que promoveu a organização camponesa e estruturou formas coletivas ou semicoletivas de gestão das unidades produtivas expropriadas. Estas foram as Cooperativas Agrárias de Produção (CAP) e as Sociedades Agrícolas de Interesse Social (sais), que posteriormente foram atomizadas em processos espontâneos de parcelamento.

Além disso, as mudanças radicais visaram a atingir aspectos simbólicos da estrutura de poder tradicional do país. Assim, por exemplo, a sede da principal organização empresarial no campo, a Sociedade Nacional Agrária do Peru, foi expropriada, inclusive em sua sede central, e seus bens foram transferidos à Confederação Nacional Agrária, organização camponesa promovida pelo Sinamos. Também foi expropriado um dos principais jornais de circulação nacional e transferido a essa organização camponesa.

Na atualidade, a reforma agrária no Peru não se encontra na agenda política, já que é vista como um tema obsoleto. A preocupação está direcionada ao desenvolvimento rural e à superação dos altos índices de pobreza de sua população.

Reformas tardias

Esses casos se referem a países que ficaram para trás nos processos dos anos 1960 e que vivenciaram novas condições políticas.

[...]

Bolívia

Embora, como já foi dito, a reforma agrária date de 1953, atualmente um processo profundo está em andamento a partir da Nova Lei de Reforma Agrária 1715 (18 de outubro de 1996). Nesse contexto, a eleição do presidente Evo Morales marca um ponto de inflexão, dado seu compromisso, em particular, com os povos indígenas e com os pobres do campo.

Expressa o reconhecimento da chamada "Terra Comunitária de Origem", referindo-se ao direito dos povos indígenas e nativos a acessar a terra em quantidade e qualidade suficientes para permitir sua reprodução biológica, econômica, social, cultural e política. O processo se concentra principalmente na restituição de territórios às comunidades indígenas, dimensão cultural que estabelece diferenças importantes com outros processos de reforma agrária que estão sendo realizados na região. É importante ressaltar que, em 28 de novembro de 2006, foi promulgada a Lei 3.545, denominada "Revolução Agrária, modificação da Lei n. 1.715, recondução da reforma agrária". A denominação Revolução Agrária se deve ao fato de a Reforma estar associada a processos anteriores de "usurpação e corrupção" (1952-1993).

Na Bolívia, "o problema da desigualdade não foi resolvido. Há uma dívida com os povos indígenas, se não os resolvermos, o país terá mais problemas do que tem agora. A reforma agrária é um instrumento para isso". Para todos os casos em que esses processos estão sendo desenvolvidos, com suas particularidades, a reforma agrária continua sendo um instrumento cujo objetivo principal é superar a concentração da terra, para a qual "deveríamos nos perguntar se o latifúndio, nos demais países, foi superado ou não. Na Bolívia, não... creio que na maioria dos países também não".

Venezuela

Neste caso, com a promulgação do Decreto com Força de Lei de Terras e Desenvolvimento Agrário (2001), que "estabelece as bases para o desenvolvimento rural integral e sustentável do setor agrícola, afetando o uso de todas as terras públicas ou privadas com vocação de produção agroalimentar", se inicia um novo processo de reforma agrária. Neste se atinge o uso de todas as terras públicas ou privadas com vocação para a produção agroalimentar e se exige o cumprimento da função social da terra, buscando a eliminação do latifúndio, e assegurando a garantia da biodiversidade e da proteção ambiental. O novo processo de reforma na Venezuela envolve o desfrute, uso e aproveitamento da terra pelos camponeses, mas não a sua propriedade, e a posse é orientada para o trabalho coletivo da terra.

Paraguai

O Estatuto Agrário Lei n. 854/63 criou o Instituto do Bem-Estar Rural (IBR) visando transformar a estrutura agrária do país, mas foi considerado uma lei de colonização e não de reforma agrária.

Em 2002, foi publicada a Lei do Estatuto Agrário n. 1863/02 e, posteriormente, a lei que criou o Instituto Nacional de Desenvolvimento Rural e da Terra (Indert). No entanto, se avançou muito pouco e persistem a concentração de propriedade e os conflitos sociais no campo.

Reflexões

Nesta parte se desenvolve o argumento de considerar a reforma agrária como uma "construção social da realidade".

a) O significado dos conceitos

Pretende-se fundamentar a argumentação de que a construção social da reforma agrária é historicamente condicionada e que depende do ponto de vista do ator que a observa.

Para isso, recorre-se aos argumentos de dois autores que podem trazer luz sobre o assunto. Por um lado, é um trabalho já clássico da sociologia do conhecimento contemporâneo; por outro, enfatiza a importância dos atores no sentido e valor dos objetos e propõe uma reflexão sobre o significado que os atores atribuem a certas realidades. Não se trata de reconstituir as abordagens de cada um desses autores, uma questão que escapa ao objetivo deste trabalho, mas de reconhecer a origem que sustenta a posição que defendem.

Berger e Luckmann argumentam que a sociologia do conhecimento lida com o que a sociedade considera como "conhecimento" no campo das ciências sociais, e como isso é socialmente construído.[7] Nas ciências empíricas, a realidade se baseia na observação, a partir da qual se pode conseguir estabelecer generalizações sobre os elementos observados, e a forma

[7] Uma vertente clássica é encontrada na obra de Berger e Luckmann *La construcción social de la realidad.* Buenos Aires: Amorrortu Editores, 1968.

como se relacionam aqueles que, reiteradamente verificados, dão origem a conceitos, cujo conjunto gera teorias. Portanto, a sociedade determina o conteúdo das ideias e a tarefa é explicar como os significados subjetivos passam a ter a qualidade dos fatos objetivos.

Por sua vez, Norman Long propõe para a análise dos processos rurais a "ação orientada pela perspectiva do ator social",[8] que destaca a importância do significado das coisas do ponto de vista dos atores, como uma construção social sujeita a negociações constantes entre os diversos atores sociais. Para isso, se baseia em Appadurai (1991), que argumenta que os objetos em si não têm significado ou valor, a não ser o que a sociedade lhes outorga. Em suas palavras, os objetos têm uma "vida social, ou seja, falta um valor ou significado inerente, mas o julgamento sobre eles é emitido pelos sujeitos".

Isso nos permite acrescentar ao conceito de construção social a importância do ponto de vista do observador. E explica, em grande medida, a existência de várias posições sobre o tema da reforma, onde, aliás, existem divergências significativas.

b) Reforma Agrária: uma construção social

Quando a questão da reforma é levantada como uma "construção social", isso significa que o conceito a que o termo da reforma agrária se refere não é um conceito acabado, esgotado nem revelado que tenha alguma fonte oficial definitiva que o legitima. É uma construção social da realidade, ou seja, na qual um consenso é gerado em um conjunto de situações e questões em um espaço e tempo determinados. Naturalmente, esta cons-

---

8 Outro é Norman Long e Ann Long. *Battlefields of Knowledge, the interlocking of theory and practice in social research and development.* London: Routledge, 1992, p. 178, que se baseia em Arjun Appadurai: *La vida social de las cosas.* Perspectiva cultural de las mercancías. México: Editorial Grijalbo, 1991.

trução social ocorre sobre variáveis que perduram muito além da duração do tempo e espaço em que elas se encontram. Em nossa opinião, as principais variáveis referem-se a:

- transferência de recursos para grupos rurais pobres;
- superação da pobreza rural;
- democratização da sociedade rural e
- melhoramento do uso dos recursos.

Sem pretender que esta seja uma lista exaustiva, apresentamos as variáveis centrais que têm sido tradicionalmente consideradas. No entanto, o conceito de reforma agrária que prevaleceu no século XX referiu-se a essas variáveis, com os seguintes sentidos específicos:

- a transferência de recursos concentrou-se somente na terra, foi defendida como sinônimo do fim do latifúndio pelo fato de ser considerada uma estrutura arcaica, ineficiente e injusta;
- o fim dos latifundiários, como classe social, significou um avanço para permitir uma democratização da sociedade rural;
- e tudo isso permitiria uma utilização mais eficiente dos recursos produtivos.

Parece razoável considerar que, em geral, podendo existir exceções, o latifúndio como estrutura e os latifundiários como classe, nos termos que foram apontados, não correspondem à realidade que caracteriza o mundo rural contemporâneo da América Latina. Isso não significa negar que tais situações possam persistir, mas provavelmente em caráter residual.

Além disso, não é demais recordar o contexto e as condições em que estes processos foram realizados. Em primeiro lugar, deve-se destacar que foram realizados em condições de apoio político generalizado, tanto interno quanto externo. Os apoios políticos referem-se a mudanças mais globais de determinadas sociedades (México, Bolívia dos anos 1950 e Cuba). E, no contexto de expressivo apoio interno com forte apoio externo, como a geração de reformas que correspondem àquelas propostas pela Aliança para o Progresso. As reformas agrárias que se mantêm atualmente são explicadas por uma conjuntura política muito específica que alguns países atravessam. A maneira predominante de realizar essas reformas foi através de desapropriações, geralmente com pagamento das terras e com a destinação aos beneficiários sob diferentes modalidades.

Os principais resultados das reformas

Uma das questões suscitadas diz respeito à situação atual nos países onde foram realizadas reformas agrárias, particularmente no Chile e no Peru. Há uma semelhança em ambos os países no sentido de que o latifúndio tradicional e os latifundiários foram superados e deram forma a outras realidades que, a propósito, são muito diferentes.

A reforma agrária chilena tem sido considerada como condição para que o país, tenha experimentado a *modernização da estrutura agrária* que atualmente caracteriza a agricultura chilena.

Por sua parte, a reforma agrária peruana criou as condições para o atual grau de *democratização da sociedade rural* deste país que era impossível imaginar na situação pré-reforma.

Se olharmos para as condições em que este processo teve lugar, especialmente a partir da década 1960, e os conteúdos das políticas, deve-se destacar as condições amplamente favoráveis para sua realização, tanto internas quanto externas. O apoio político à reforma foi significativo e, em muitos casos, juntamente com o apoio interno de cada país, houve um apoio externo significativo. O conteúdo das políticas da Aliança para o Progresso continha explicitamente o apoio do governo de Washington às reformas agrárias.

Por sua vez, houve um relativo consenso sobre o tipo de políticas centrais a serem implementadas em relação às expropriações e destinação das terras. Também se propunha o estabelecimento de políticas complementares, tais como políticas de apoio através de crédito, assistência técnica e comercialização.

Ao se analisar os processos de reformas agrárias que estão sendo realizadas atualmente na Bolívia, Paraguai e Venezuela, pode-se considerar que há uma tentativa de *reformar as reformas,* na medida em que procura corrigir os vícios gerados a partir dos objetivos que foram propostos pelas próprias reformas.

A especificidade da *realidade indígena* atravessa os diferentes países onde o tema da terra não só faz sentido como recurso produtivo, mas é confundido com suas origens como povos. Esta situação acrescenta um grau ainda maior de complexidade.

Finalmente, sobre o tema da concentração, apenas dois comentários, que surgem a partir de estudos recentes realizados em 17 países da América Latina.[9]

Em primeiro lugar, deve-se afirmar que os níveis de concentração e extrangerização da propriedade da terra e dos recursos naturais, e também da presença do capital estrangeiro que se observa atualmente, aumentaram notavelmente com relação à realidade que se advertia na década de 1960, quando se justificava a necessidade de realizar reformas agrárias de forma generalizada na região. Além disso, esses processos não têm a forma de enclave que tinham no passado, de não ter relações com o meio ambiente, mas, ao contrário, de realizar formalmente atividades de integração em âmbito local, regional e nacional, onde estão localizadas.

---

9 FAO. *Reflexões sobre a concentração e estrangeirização na América Latina e no Caribe*. Santiago, 2013, 163 páginas; FAO. *Dinámica del Mercado de la Tierra en América Latina y el Caribe*: concentración y extranjerización. Santiago, 2012, 592 páginas.

Em segundo lugar, é interessante notar a nova forma como esses fenômenos vão se materializando, que parecem se transformar para se adequar a novos contextos e tempos. Para analisá-los, torna-se necessário abrir a ótica da análise. Assim, isso emerge claramente no caso da Argentina. Por exemplo, os países que são os protagonistas da concentração de terras (*land grabbing*) estão agora buscando arranjos contratuais pelos quais eles não se tornam proprietários da terra, mas de seus produtos; em contrapartida, buscam destinos com experiências de produção existentes que possam satisfazer suas demandas sem grandes mudanças na cultura produtiva. Do ponto de vista da propriedade da terra nacional como valor central, isto poderia parecer ser mais aceitável; no entanto, é verdadeiramente menos preocupante para a segurança alimentar comprometer o produto da terra? Outro exemplo de fenômenos novos que podemos ver, se abrirmos a ótica da análise, é a constituição de grandes operações agrícolas mediante a concentração de posse temporária de terras (arrendamentos e contratos), e não da propriedade.

Em suma, se quisermos fazer um balanço das reformas agrárias da América Latina durante o século XX, pode-se notar que se pôs fim ao latifúndio e às relações servis. Em alguns casos, uma condição para a modernização, em outros, se tornou uma condição para a estabilidade política. Em todos os casos, foram realizados progressos na inclusão social e na redução das margens de desigualdade, quando comparados com a situação que prevalecia antes da reforma.

Anexo

Leis de reforma agrária na América Latina no século XX

País	Ano	Lei
Bolívia	1953	Lei de reforma agrária de 1953 Nova lei de reforma agrária de 1996
Brasil	1964 1985	Lei de reforma agrária Iniciou a implementação da reforma agrária a partir de 1985
Colômbia	1961 1988 1994	Lei sobre Reforma Social Agrária, alterada pelas leis 1, de 1968, 4, de 1973 e 30, de 1988. Para incentivar a compra direta de terras por camponeses, um subsídio equivalente a 70% do preço de compra do terreno foi introduzido através da lei de 1994.
Cuba	1959 1963	Primeira lei de reforma agrária de 1959 Segunda lei de reforma agrária de 1963
Chile	1962 1967	Lei de reforma agrária de 1962, substituída pela Lei de reforma agrária de 1967, em vigor até 1974
Costa Rica	1961	Lei de Terras e Colonização de 1961
El Salvador	1980	Uma das mais amplas reformas não socialistas
Equador	1964 1973	Lei de reforma agrária e colonização de 1964, alterada pela lei de reforma agrária de 1973
Guatemala	1952 1962	Lei de reforma agrária Lei de reforma agrária
Honduras	1962 1975 1992	Primeira lei de reforma agrária em 1962 Segunda lei de reforma agrária de 1975 A lei para a modernização e desenvolvimento do setor agrícola de 1992
México	1917 1971 1992	Aprofundou-se na década de 1930 com forte apoio de organizações camponesas patrocinadas pelo Estado. Lei Federal da reforma agrária de 1971. A reforma constitucional do México de 1992 expandiu os direitos sobre a propriedade da terra agrícola: *ejidatarios* podem vender, alugar e usar sua posse *ejidal* como garantia, e decidir o destino da terra de propriedade comum após a aprovação da Assembleia *Ejidal*.
Nicarágua	1963 1979 1981 1990/2000	Lei de reforma agrária Após a Revolução Sandinista foram realizadas as reformas agrárias A lei de reforma agrária de 1981 De 1990 a 2000, são promulgadas uma série de leis para resolver "o problema da propriedade", leis que se aplicam muito parcialmente.

Panamá	1962	Lei 37 de 21 de setembro de 1962, aprovando o código agrário
Paraguai	1963 2002	Lei n. 852 cria o Instituto de Bem-Estar Rural (IBR) Estatuto agrário, Lei 1863/02
Peru	1963 1964 1969	Lei de bases para a Reforma Agrária de 1963 Lei de reforma agrária de 1964 Decreto lei de 1969 (todas estas disposições foram revogadas pelo Decreto Legislativo n. 653 de 1992)
República Dominicana	1972	Lei Agrária de 1972
Venezuela	1960 2001	Lei de Terras e Desenvolvimento Agrário de 1960 do governo de Rómulo Betancourt, sucede à ditadura de Pérez Jiménez Decreto com Força de Lei de Terras e Desenvolvimento Agrário do governo de Hugo Chávez, uma nova lei agrária que substituiu a lei de 1960, até então em vigor.

Referências

ARJUN, Appadurai. *La vida social de las cosas.* Perspectiva cultural de las mercancías. México: Editorial Grijalbo, 1991.

ARTILES, J. G. "La nueva concepción agraria en Venezuela", *in*: FAO, Oficina Regional América Latina y el Caribe. *Consulta de Expertos en reforma agraria en América Latina.* Informe Final. Santiago de Chile, 11 e 12 de dezembro de 2006.

BARRACLOUGH, Solon y COLLARTE, Juan Carlos. *El Hombre y la Tierra en América Latina.* Resumen de los Informes del Comité Interamericano de Desarrollo Agrícola (Cida) sobre tenencia de la tierra en Argentina, Brasil, Colombia, Chile, Ecuador, Guatemala y Perú. Santiago: Editorial Universitaria, 1972.

BERGER e LUCKMANN. *La construcción social de la realidad.* Buenos Aires: Amorrortu Editores, 1968.

CHONCHOL, J. Chile FAO, Oficina Regional América Latina y el Caribe. *Consulta de Expertos en reforma agraria en América Latina.* Informe Final. Santiago de Chile, 11 e 12 de dezembro de 2006.

DE JANVRI, A. e SADOULET, E. *Land Reforms in Latin America*: Ten lessons toward a contemporary agenda prepared for the World Bank's Latin American Land Policy Workshop, Pachuca, Mexico, June 14th 2002.

DELGADO, Óscar. *Reformas agrarias en la América Latina.* México: Fondo de Cultura Económica, 1965.

EGUREN, F. Perú. "La Reforma Agraria en el Perú", *in*: FAO, Oficina Regional América Latina y el Caribe. *Consulta de Expertos en reforma agraria en América Latina.* Informe Final. Santiago de Chile, 11 e 12 de dezembro de 2006.

_____. "Del agro a lo rural, y los desafíos de la globalización", *in*: *Coyuntura,* julho-agosto/setembro-outubro, 2008, ano 4, n. 19-20.

FAO, Oficina Regional América Latina y el Caribe. *Consulta de Expertos en reforma agraria en América Latina*. Informe Final. Santiago de Chile, 11 e 12 de dezembro de 2006.

_____. "Towards good land governance". *FAO Land Tenure Policy Series*, Draft version 0.1. Rome/Nairobi, 2008.

_____. *Reflexiones sobre la concentración y extranjerización en América Latina y el Caribe.* Santiago, 2013.

_____. *Dinámica del Mercado de la Tierra en América Latina y el Caribe*: concentración y extranjerización, Santiago, 2012.

FEDER, Ernest. *Violencia y despojo del campesino.* Latifundismo y explotación capitalista en America Latina. México: Universidad Nacional Autónoma de México. Instituto de Investigaciones Económicas, 1978.

_____. *Lucha de clases en el campo:* análisis estructural de la economía latinoamericana. México: Fondo de Cultura Económica. 1973.

FRIEDLAND, William H. "The end of rural society and the future of rural sociology", *in: Rural Sociology*, v. 47, n. 2, 1982.

GARCÉS, V. "La reforma agraria hoy: una visión de conjunto". UPV/CERAI, *in*: FAO, Oficina Regional América Latina y el Caribe. *Consulta de Expertos en reforma agraria en América Latina.* Informe Final. Santiago de Chile, 11 e 12 de dezembro de 2006.

HUIZER, Gerrit. *El potencial revolucionario del campesino en América Latina.* Las luchas campesinas del siglo XX. México: Editorial Siglo XXI, 1973.

IBÁÑEZ, E. "La intencionalidad del marco legal y el rol de la Reforma Agraria", *in*: FAO, Oficina Regional América Latina y el Caribe. *Consulta de Expertos en reforma agraria en América Latina*. Informe Final. Santiago de Chile, 11 e 12 de dezembro de 2006.

LANDSBERGER, Henry. *Latin American Peasant Movement*. Ithaca: Cornell University Press, 1969.

LONG, Norman e LONG, Ann: *Battlefields of Knowledge, the interlocking of theory and practice in social research and development.* London: Routledge, 1992.

ROJAS, J. C. "La reforma agraria boliviana. Recuento histórico de sus marchas y contramarchas", *in*: FAO, Oficina Regional América Latina y el Caribe. *Consulta de Expertos en reforma agraria en América Latina.* Informe Final. Santiago de Chile, 11 e 12 de dezembro de 2006.

SOTOMAYOR, Octavio. *Governance y tenencia de tierras y recursos naturales en América Latina.* Santiago de Chile: FAO, 2008.

A REFORMA AGRÁRIA NO EGITO DE NASSER[1]

SAMIR AMIN

O VALE EGÍPCIO DO NILO, COMO AS planícies da China e do Vietnã e o vale do Ganges, estão entre as regiões mais densamente povoadas do mundo: mil ou dois mil habitantes por quilômetro quadrado na zona rural!

O quadro a seguir mostra a distribuição das propriedades e das explorações em 1952, às vésperas da Reforma Agrária.

Quadro 1 – Distribuição de propriedades e explorações agrícolas antes da reforma agrária no Egito

	Propriedades		Explorações	
	Número	Superfície	Número	Superfície
Menos de 5 *feddans* (2,1 ha)	2.783	2,3	785	1,4
De 5 a 20 *feddans* (de 2,1 a 8,4 ha)	130	1,2	175	1,5
Mais de 20 *feddans* (8,4 ha)	35	2,5	42	3,1
Total	2.948	6,0	1.002	6,0

1 O leitor encontrará mais detalhes sobre as questões abordadas neste artigo em dois de meus livros e um artigo recente: Samir Amin, *Egypte, nassérisme et communisme* (Les Indes Savantes, 2014), particularmente o terceiro documento; Samir Amin, *Le monde arabe dans la longue durée* (Le Temps des Cerises, 2011), particularmente o primeiro capítulo, e Samir Amin, *Chine 2013*; La Pensée, n. 375, Paris, 2013.

As superfícies das terras agrícolas são sempre medidas no Egito em *feddan* (um *feddan* equivale a 0,42 hectare). Os números de proprietários e dos que exploram são expressos em milhares, sendo que os que dizem respeito às superfícies, em milhares de *feddans*.

A lei que regula a herança no Egito explica o extremo desmembramento da propriedade. A grande maioria dos pequenos produtores é de chacareiros que arrendam sua terra não somente aos grandes proprietários, mas também a proprietários de minúsculos pedaços de terra, emigrados para a cidade em sua maioria.

As classes pobres (sem-terras, explorando – proprietários ou arrendatários – minúsculas parcelas) constituem 80% da população rural, mas só recebem 15% da renda agrícola. As camadas médias – 15% da população rural, 20% da renda – são exíguas. Cerca de 217 mil famílias (5% da população rural) constituem os privilegiados que ficam com 65% da renda agrícola.

Tendo em mente a densidade excepcional do povoamento rural do Vale e do Delta é possível compreender que o Egito não é o Brasil! Um camponês é rico no Egito quando explora apenas 20 *feddans*. A classe dos latifundiários, que começa no Egito com apenas 500 *feddans*, é constituída por não mais do que alguns milhares de famílias; mas ela é a coluna vertebral da classe dirigente do antigo regime.

Teriam as reformas agrárias de 1952 e de 1961 aberto caminho para um modelo de desenvolvimento do campo e do país, diferente daquele que dominara desde meados do século XIX? As apreciações relativas a seu verdadeiro alcance, no aguardo de sua abolição progressiva a partir de meados dos anos 1970, foram extremamente diversas, inclusive entre os nasseristas e os comunistas egípcios.

O verdadeiro alcance das leis de reforma agrária (1952 e 1961)

Uma das primeiras medidas tomadas pelo poder advindo do golpe de Estado de 23 de julho de 1952[2] foi a lei de Reforma Agrária, segundo a qual os proprietários de mais de 200 *feddans* (300, se tivessem filhos), exceto as empresas de exploração agrícola, deviam ser expropriados, recebendo uma indenização equivalente a 10 vezes o valor de arrendamento da terra. Era por esse preço, aumentado em 15%, que a terra seria revendida aos camponeses. O reembolso dos recursos adiantados pelo Estado devia ocorrer em 30 anos. A segunda lei de Reforma Agrária, de 1961, reduziu para 100 *feddans* o limite autorizado de propriedade.

A reforma não libertava o campo egípcio do domínio dos ricos. As propriedades de mais de 200 *feddans* constituiam somente a fração latifundiária das classes rurais ricas. Esta reforma tampouco libertava o camponês. Ela o teria posto na dependência dos bancos encarregados de financiá-lo. A reforma teria sido "progressista" se, limitando a superfície das propriedades rurais, tivesse obrigado os latifundiários mais ricos a investir uma parte de sua fortuna fora da terra. Nesse sentido, a reforma teria acelerado o processo de fusão da aristocracia rural com a grande burguesia. Mas, para que esse resultado pudesse ser alcançado, teria sido preciso que a lei fosse realmente aplicada e que os latifundiários consentissem em investir suas fortunas na indústria.

Ora, a reforma agrária foi aplicada somente muito parcialmente. O que não é de estranhar. De fato, a lei previa a *venda*

2 Iniciativa exitosa do agrupamento que ficou conhecido como Movimento dos Oficiais Livres, cujas principais lideranças eram Muhammad Naguib e Gamal Abdel Nasser – este último, referenciado neste texto desde o título, comandou o Egito até sua morte, em 1970. A ação política teve por objetivo derrubar a monarquia de Farouk I, que ocupava o reinado desde 1936 e era um importante aliado dos interesses imperialistas britânicos. (N. O.).

(e não a distribuição gratuita) das terras. Ora, o *xis* da questão está em que o camponês egípcio não pôde comprar a terra, caso contrário não teria esperado por Nasser para fazê-lo!

A lei autorizava os proprietários de mais de 200 *feddans* a vender o excedente de suas propriedades àqueles que assim o desejassem, antes que fossem desapropriadas. Em lugar dos camponeses pobres, foram os camponeses ricos, os grandes comerciantes, os especuladores urbanos, os oficiais enriquecidos pelo tráfico de influência e as grandes sociedades agrícolas que tiraram vantagem do negócio.

Para conservar a simpatia dos ricos, o regime deu-lhes o direito de expulsar os arrendatários impossibilitados de saldar suas dívidas. Até então os proprietários não tinham o direito de expulsar os arrendatários das terras alugadas. A reforma acelerou a expulsão em massa dos fazendeiros pobres.

Para compensar os grandes proprietários, o governo autorizou o aumento das taxas de arrendamento, até então proibido ou pelo menos dificultado legalmente. Mas, além disso, as taxas máximas fixadas pela lei foram ultrapassadas pelos grandes proprietários com a cumplicidade dos Comitês de Arbitragem (ver adiante a política desses organismos).

Nessas condições, uma grande parte das terras da Reforma Agrária não foram vendidas nem distribuídas, mas exploradas diretamente pelo governo, por sua conta. A organização desta exploração foi entregue aos Comitês de Reforma Agrária, compostos por funcionários públicos. Esses comitês adotaram a mesma política que os grandes proprietários, expulsaram os pequenos produtores pobres demais para pagar suas dívidas e pagaram aos operários agrícolas menos do que a taxa fixada pela lei. Dando o exemplo, eles encorajaram os grandes proprietários a continuar superexplorando os camponeses.

Os Comitês obtiveram o máximo de lucro com a venda de adubos e sementes, assim como com a compra de colheitas. Eles adquiriram o monopólio desse comércio. Adquiriram também o monopólio da organização da irrigação; venderam a água aos pequenos produtores a preços muito mais altos do que o custo da irrigação. Foi um verdadeiro novo imposto atribuído aos camponeses.

Ao lado desses comitês, existiam as Comissões de Arbitragem, encarregadas de resolver os conflitos entre proprietários e pequenos produtores. Essas comissões, constituídas pelos camponeses ricos e pelos funcionários, nunca deram uma única sentença desfavorável aos latifundiários.

As Cooperativas eram agrupamentos obrigatórios, de fato outro instrumento de espoliação dos camponeses. Sua direção, em mãos de agentes do Estado e dos camponeses ricos, obtinha lucros substanciais com a venda de adubo, sementes, compra das colheitas (de fato, essas Cooperativas estavam dispensadas de passar pela intermediação dos Comitês de reforma agrária que tinham, nos demais casos, o monopólio desse comércio). Quem tirou vantagem afinal de contas dessa nova especulação? Os bancos, que financiaram com taxas usurárias e que evitavam emprestar aos camponeses porque estes, na maior parte das vezes, não podiam pagar. Deste ponto de vista, a Cooperativa constituiu uma garantia que permitiu a extensão do campo de atividade dos monopólios bancários!

A lei de Reforma Agrária proibia as associações de pequenos produtores e os sindicatos de operários agrícolas. A mesma lei pretendia fixar na época em 18 *piastras* por dia o salário dos operários agrícolas. Mas tratava-se de uma medida mentirosa, destinada a enganar a opinião pública. Se o governo proibiu os sindicatos no campo foi para poder violar sua própria legalidade.

A segunda lei de Reforma Agrária é de 1961, quando o regime se radicalizava em consequência da agressão militar de outubro de 1956 (realizada pela Grã-Bretanha, França e Israel) e da conferência de Bandung (em abril de 1957). Entretanto, esta lei não estava fora da lógica da primeira e se limitava a reduzir o limite autorizado da propriedade. Ela continuava a ignorar os interesses vitais dos sem-terra e dos camponeses pobres, 80% da população rural. O resultado foi a aceleração do processo de expropriação dos latifundiários e da venda efetiva das terras da reforma aos camponeses ricos, naqueles últimos anos do nasserismo.

De 1952 a 1957, o regime nasserista nutriu-se de muitas ilusões com relação à possibilidade dos latifundiários aceitarem o jogo de sua transformação em parceiros capitalistas associados ao novo capitalismo de Estado. De fato, a fusão das fortunas dos latifundiários e das fortunas das burguesias industriais e financeiras egípcias, estas por sua vez sempre associadas aos capitais estrangeiros (na época principalmente britânicos, franceses e belgas), tinha aumentado muito no decorrer dos anos 1920, 1930 e 1940. Mas não era absolutamente o caso de ir mais longe e de aceitar a substituição do capitalismo de Estado egípcio pelo capital imperialista. O objetivo da Reforma Agrária era a eliminação política dos latifundiários e o fortalecimento, às suas custas, dos camponeses ricos. Esta classe reacionária (que constitui a base da implantação dos Irmãos Muçulmanos no campo) garantiu, graças a sua cumplicidade com as autoridades, a manutenção da ordem contra as resistências e as insurreições do campesinato pobre.

Depois da revogação da Reforma Agrária

A revogação das leis da Reforma Agrária por Sadat e Mubarak, aliados aos Irmãos Muçulmanos, saudada pelo Banco

Mundial, pelos Estados Unidos e pela Europa, reconstruiu um cenário social análogo, *mutatis mutandis* ao que fora antes de 1952. Com a diferença de que os camponeses ricos passaram a ocupar o lugar decisivo; esses camponeses tornaram-se mais ativos em suas intervenções políticas do que os latifundiários, que recuperaram uma importante parcela de suas propriedades, quando não as venderam a empresas do agronegócio amplamente dominadas pelo capital estrangeiro (desta vez mais estadunidense do que europeu).

A nova classe dirigente desse modelo de capitalismo comprador se associou, numa classe unificada, aos grandes personagens do regime (militares e altos funcionários), latifundiários, empreendedores pretensamente industriais ou financeiros (cujo "sucesso econômico" origina-se nos monopólios que o poder lhes confere), comerciantes ricos retornados do exílio nos países do Golfo e dotados de fortunas que lhes foram oferecidas pelos emires e reis da região (em troca de seu apoio aos partidos do Islã político). A linguagem política egípcia inventou um termo para designá-los, em árabe, *rasmalia al mahassib*, que pode ser traduzido por "capitalismo dos cupinchas". Suas atividades consistem na sua terceirização para o grande capital imperialista, estadunidense e europeu. O bloco social reacionário dirigido por esta classe compreende os camponeses ricos e as camadas superiores das classes médias profissionais. As políticas liberais favorecem os camponeses ricos em detrimento dos camponeses médios e pobres cuja expropriação aumenta.

Reforma ou revolução agrária?

As reformas agrárias de 1952 e 1961 deram origem a acalorados debates no seio da esquerda egípcia, nasserista e comunista. O regime qualificara a reforma, sobretudo a partir de 1961, de fundamental na construção do socialismo, definido na Constituição de 1961. Eu a classificara como constituição de um capitalismo de Estado nacional/popular, de tendência social (eu não diria "socialista"), sem ser democrática. Os soviéticos sugerem um outro conceito, o da "via não capitalista"; de fato, tentavam assim legitimar seu apoio praticamente incondicional a Nasser, chegando ao ponto de pressionar para que os comunistas dissolvessem sua organização.

O Partido Comunista Egípcio (tendência *Raya el Chaab*, à qual eu pertencia) não aceitou esse "desvio oportunista" (em seus próprios termos) e considerava que o compromisso com a via do socialismo exigia, ao contrário, a radicalização das lutas e, particularmente, uma crítica de esquerda à Reforma Agrária. Para tanto, propunha, em 1957/1958, um programa de oito pontos entre os quais os mais importantes eram: a expropriação imediata das propriedades de mais de 50 *feddans* e a distribuição gratuita das terras aos camponeses sem-terra e pobres; a redução da taxa de arrendamento; o aumento dos salários dos operários agrícolas; e a liberdade para os camponeses de se organizarem em sindicatos e associações.

O rápido esgotamento desse sistema de capitalismo de Estado nacional/popular do nasserismo tardio e depois a contrarrevolução que revogou as leis da Reforma Agrária com efeitos retroativos nos deu razão, acho eu.

O novo capitalismo comprador não é, entretanto, exatamente uma volta ao passado anterior a 1952. A história demonstra que nunca é possível voltar atrás e apagar definitivamente as transformações sociais produzidas nos momentos de avanços progressistas, potencialmente revolucionários. O novo bloco reacionário que dirige o país a partir de 1970 firmou uma aliança prioritária no campo com os camponeses ricos. A construção desse novo cenário social foi facilitada pelo enfraquecimento do movimento dos camponeses pobres e dos sem-terra e de sua migração em massa para as favelas e para os países petrolíferos.

Os camponeses não constituem hoje mais do que a metade da população rural. Os outros sobrevivem nos povoados (que se transformaram em pequenas cidades) de atividades informais diversas. Este cenário teria podido fornecer um terreno propício a um novo modelo de desenvolvimento ("tipo chinês", talvez) baseado nas atividades úteis localizadas no campo e articuladas com a produção agrícola. Mas não é o caso. As políticas liberais se traduzem por um duplo desperdício. De um lado, o que resta da produção agrícola no Egito está submetido aos ditames do agronegócio, com, entre outros, efeitos ecológicos desastrosos. De outro, o potencial representado pela força de trabalho rural excluída da agricultura é desperdiçado em atividades informais sem perspectivas.

As insurreições gerais do povo egípcio contra Mubarak (2011), depois contra Morsi e os Irmãos Muçulmanos (2013), abrem novas perspectivas. Examinar seu potencial e condições nos afastaria muito do assunto deste texto. Mas, no que diz respeito ao campo, as propostas que defendo enfatizam a reconstrução da vida rural e da agricultura familiar, mantidas por intervenções inteligentes do Estado para permitir sua continuidade em termos de produtividade do trabalho (da produção por trabalhador/hectare). Como complemento, e aproveitando a densidade do povoamento rural, a importância dos povoados, a proximidade das cidades, um outro modelo de industrialização, baseado em uma ampla disseminação das atividades pelas cidades e campos, poderia ser operacionalizado. Aqui, também as experiências da China nesses campos mereceriam ser melhor conhecidas.

As reformas agrárias são concebidas no contexto do respeito ao princípio da propriedade privada; elas propõem somente a redistribuição das terras em benefício dos menos aquinhoados. As reformas agrárias mais radicais – a da Rússia em 1917 é o melhor exemplo – confiscaram todas as terras dos grandes proprietários e as redistribuíram gratuitamente a todos os camponeses sem-terra, pobres e médios. Lenin tinha outro projeto, baseado no conceito da terra/bem comum do povo, e nessa base, queria nacionalizar a propriedade antes de pô-la à disposição dos camponeses, em formas a definir. Compartilhava, nesta questão, do ponto de vista expresso pela Segunda Internacional, pelo menos teoricamente. Mas Lenin foi posto diante do fato consumado pela revolução camponesa (em muito inspirada pelo Partido Socialista Revolucionário) e foi obrigado a aceitar a propriedade privada dos camponeses. O que teve graves consequências, pois, quando Stalin decidiu a coletivização, chocou-se com a oposição dos camponeses pobres e médios que preferiram fazer uma frente com os ricos para defender o princípio da propriedade privada do solo agrário.

O conceito de revolução agrária é diferente. Procede também daquele de terra/bem comum do povo. Mas pretende, depois da nacionalização da terra em função desse princípio, disponibilizá-la para todos os camponeses (inclusive os sem-terra) numa base tão igualitária quanto possível e delega o poder para a operacionalização desse princípio às comunidades e aos militantes do Partido Comunista em seu seio. O resultado é a implantação de pequenas explorações sem que estas estejam baseadas no reconhecimento de qualquer tipo de propriedade privada.

Aquilo de que o Egito tem necessidade hoje, e sem dúvida também todos os demais países do Sul (e até do Norte!), é precisamente de uma revolução agrária – o único meio de reconstruir a agricultura em bases ecologicamente sadias e de igualdade social de todos os trabalhadores. No Egito, este é o único meio de integrar a maioria da população agrária, constituída de 80% de sem-terras, de camponeses pobres e de pequenos camponeses, em um sistema produtivo que daria a todos trabalho e meios para exercê-lo. Mas a revolução agrária não está na ordem do dia da agenda política e social, nem no Egito, nem, aliás, na Ásia (com exceção da China e do Vietnã) ou na América Latina. Ela continua sendo uma grande ideia justa, pensada somente por um pequeno número de indivíduos. Uma boa parte do drama de nossa época deriva desta imensa fraqueza do pensamento radical e de sua ausência no terreno da ação social.

PARTE III

REFORMAS AGRÁRIAS RADICAIS

EMILIANO ZAPATA: A REVOLUÇÃO CAMPONESA DO MÉXICO

FRANCISCO PINEDA GÓMEZ

No México, desde tempos remotos, o cultivo do milho tem sido a base da comunidade camponesa auto-organizada e esta é a raiz profunda da revolução liderada por Emiliano Zapata.

Uma qualidade decisiva do cultivo do milho é que ele não retira os nutrientes da terra, ao contrário, aumenta sua produtividade quando plantado junto com outros cultivos muito diversos. A economia mesoamericana do milho permite o autoabastecimento dos bens necessários; no entanto, isso não significa que as comunidades camponesas vivam isoladas, elas fazem parte de redes territoriais extensas, o que potencializa a diversidade econômica e cultural. O cultivo do milho foi o sustento de um dos processos civilizatórios da humanidade.

Desse ponto de vista, é possível considerar que a diversidade tanto na produção quanto no aproveitamento do milho e a auto-organização têm sido o fundamento para a autodeterminação camponesa. Para os zapatistas, a terra do milho (a *milpa*) era o suporte da vida[1] e, ao mesmo tempo, a base material de sua liberdade. "Era pelo que lutávamos, terra e

1 Embora geralmente seja traduzida como milharal, a *milpa* é um sistema de cultivo de toda Mesoamérica onde uma área recentemente capinada é plantada com milho e diversos outros cultivos que são nutricional e ambientalmente complementares. Do *nahuatl*, *milpa* = campo cultivado. (N. T.)

liberdade", expressou com firmeza um tenente da cavalaria do Exército Libertador.

A usurpação primordial das terras e a configuração do poder se fez, no México, por meio da guerra colonialista. O próprio chefe do exército invasor, Hernán Cortés, no século XVI, recebeu da monarquia espanhola o Marquesado do Vale, um título de pilhagem e sujeição que compreendia terras, montes, águas e dezenas de milhares de vassalos em grande parte do território mexicano. Junto da usurpação e da vassalagem, Cortés implantou o cultivo da cana-de-açúcar nas melhores terras. Com isso, deu início ao conflito entre as fazendas de cana e os povos do milho, um confronto violento entre a economia latifundiária do açúcar, com suas formas de opressão, e a economia mesoamericana do milho, com suas formas de auto-organização camponesa.

Em princípios do século XX, esse regime agrário da colônia não havia desaparecido. Ao contrário, com a ferrovia, com a introdução de maquinaria industrial pesada nos engenhos e com a ditadura militar de Porfírio Diaz, potencializaram-se seus efeitos destrutivos.

Partindo desse contexto, dois aspectos merecem destaque. O primeiro deles: diferentemente do que ocorreu em outras regiões açucareiras no mundo, em Morelos[2] a instalação de tecnologia moderna não produziu um dispositivo dominante com duas classes, os proprietários de terra e os industriais. Aqui, se aplicou a maquinaria moderna ao regime agrário colonial. Isso engendrou uma classe dominante combinada – proprietários de terra e capitalistas industriais – com métodos exacerbados de superexploração, racismo, pilhagem e violência.

---

[2] Estado mexicano localizado no centro do país. (N. E.)

O segundo aspecto se refere à nova capacidade produtiva instalada nos engenhos açucareiros, que exigia aumentar consideravelmente o volume da matéria-prima e da força motriz. Em consequência, o plantio do milho foi atacado violentamente para estabelecer novas plantações de cana. Por isso, os camponeses foram desprovidos de água com o propósito de abastecer as novas obras de irrigação dos canaviais e se iniciou a destruição dos bosques, a fim de providenciar carvão e lenha para as fazendas. Na moenda, no entanto, os fazendeiros não realizaram maiores mudanças tecnológicas e descarregaram o peso do esforço maior sobre os trabalhadores, intensificando o grau de superexploração. Nessas condições, o conflito de quatro séculos explodiu e se produziu uma enorme revolução social, o zapatismo.

> Como se deu a conquista do México? Por meio das armas.
>
> Como os conquistadores se apoderaram de grandes quantidades de terra que é a imensa propriedade agrária que por mais de quatro séculos foi transmitida a diversos proprietários? Por meio das armas.
>
> Por isso, por meio das armas devemos fazer que voltem para seus legítimos donos, vítimas da usurpação. (O general em chefe do Exército Libertador, Emiliano Zapata)

O Plano de Ayala

Em 1911, mulheres e homens, jovens e velhos, protagonizaram levantamentos massivos locais em grande parte do Sul e Centro do México. As ações diretas ocorriam frequentemente em todos os rumos sulistas, em especial, contra as fazendas açucareiras, fábricas têxteis e grandes comércios da região; os arquivos municipais foram incendiados, os presídios foram abertos, os trabalhadores presos foram libertados, os capatazes e os feitores foram açoitados. As pessoas gritavam, com coragem: "Abaixo as fazendas! Viva o povo! Morte ao Supremo Governo!".

Pouco a pouco, aconteceu o extraordinário: as insurreições massivas locais se unificaram e emergiu um grande movimento popular generalizado. Em março desse mesmo ano, nasceu o Exército Libertador e os chefes de diversos povoados elegeram Emiliano Zapata como general em chefe. Zapata era um camponês de 31 anos de idade, muito apreciado nas festas regionais por sua habilidade com os touros e com o cavalo; uma pessoa de bom caráter e, também, muito firme nas lutas agrárias anteriores contra as fazendas.

Dez semanas após iniciada a rebelião, quando os zapatistas tomaram, em difícil combate, uma das principais cidades do Sul, muito próxima à capital da República, Porfírio Diaz fugiu do país. Este acontecimento, a vitória sobre a ditadura, foi decisivo para a luta social empreendida. Ao ver que Porfírio Diaz, assim como os fazendeiros e os regimentos "invencíveis" do exército fugiam, o povo humilde pôde perceber que os poderosos, na realidade, são fracos quando o povo se levanta com firmeza.

No entanto, vieram meses difíceis. Na imprensa, se estabeleceu um dispositivo infame contra os camponeses zapatistas; enquanto isso, o governo provisório tentou desarmá-los sem atender às reivindicações agrárias e executou um massacre contra um acampamento zapatista com mulheres, crianças e idosos; além disso, em três ocasiões, tentou-se assassinar Zapata.

Então aconteceu a ruptura definitiva com o governo que foi eleito nesse mesmo ano e o Exército Libertador proclamou o Plano de Ayala. Este será, nos anos seguintes, o programa e a estratégia da revolução camponesa do México. Com relação à propriedade, o Plano de Ayala estabeleceu três ações fundamentais:

1. os camponeses e os cidadãos tomarão posse das terras usurpadas e a defenderão com armas na mão;
2. "em virtude de que a imensa maioria dos camponeses e cidadãos mexicanos não são donos a não ser do chão que pisam", os sem-terra, "por estarem monopolizadas em algumas poucas mãos as terras, as montanhas e águas", por esta razão, serão expropriadas as terras dos poderosos proprietários;
3. nacionalização dos bens dos inimigos da revolução camponesa, para proporcionar apoio às viúvas e órfãos dos combatentes do Plano de Ayala.

Nestes pontos fundamentais do Plano de Ayala, é possível verificar que os beneficiários da ação revolucionária são três:

1. os camponeses e cidadãos despojados de suas terras;
2. os sem-terra;
3. as viúvas e os órfãos dos combatentes.

Mas, além disso, nesses pontos fundamentais está contida a estratégia para a ação: o sujeito coletivo que realiza a transformação agrária é o próprio camponês, não o Estado; o modo de ação: com as armas em mão, não com a lei. Isso significa que, no Plano de Ayala, a transformação agrária não é uma tarefa para depois do triunfo revolucionário, é, em realidade, o núcleo da própria luta insurgente. E, neste sentido, é um chamamento à insurreição geral. Com efeito, o final do seu discurso diz: "Povo mexicano, apoiai com as armas na mão este Plano e fareis a prosperidade e o bem-estar da pátria". Em conjunto, esta é a manifestação mais clara da situação revolucionária que se vivia no Sul do México. O Plano de Ayala foi consequência da injustiça social, acumulada por séculos e resultado direto da experiência insurgente adquirida nesse ano. Os levantamentos multitudinários e o Exército Libertador derrotaram, em combates difíceis, os regimentos "invencíveis" da ditadura.

Contudo, no campo institucional, o Plano de Ayala apresentou duas ações principais: derrubar o governo recém-eleito, por considerá-lo traidor da revolução e da justiça do povo, e que, ao se alcançar essa meta, uma junta dos principais chefes revolucionários da República designaria o governo provisório que teria, como principal tarefa, convocar eleições.

Os acontecimentos posteriores mostram que o chamamento à insurreição camponesa teve êxito. Durante o ano de 1912, as ações diretas contra as fazendas se multiplicaram e, conforme aumentava a força do Exército Libertador, os próprios camponeses tomavam as terras aplicando os princípios contidos no Plano de Ayala.

Como consequência da luta zapatista, rapidamente produziu um feito que se inscreve na história de longa duração. Em Morelos, zona nuclear do zapatismo, nunca mais voltou a imperar o regimento colonialista das fazendas, a safra de 1912-1913 foi a última que se realizou sob esse sistema. Leve-se em consideração que naquele tempo, em Morelos, 79 de cada 100 homens, entre 11 e 60 anos, eram peões das fazendas transformadas em unidades capitalistas de alto rendimento. E que em todo o país, as fazendas possuíam 16,6 milhões de hectares e tinham o controle dos principais produtos agrícolas à exceção do mais importante de todos, do ponto de vista econômico e civilizatório: o milho.

> E logo que foi terminado o Plano de Ayala, foi feito o juramento em frente à bandeira [nacional]. Que juramos defender o Plano até vencer ou morrer! Não se admitiam negociações nem arranjos, até vencer ou morrer!
>
> Sim, como eu que era jovem (16 anos) disse: "Eu juro pela honra dos meus pais e minha honra, defender a causa até vencer ou morrer!". E os que eram casados diziam: 'Juro pelo meu amor e o amor de meus filhos defender a causa até vencer ou morrer!'.
>
> Macedônio García Ocampo, tenente da cavalaria do Exército Libertador.

O controle do território

À medida que aumentava a força do Exército Libertador, também crescia a zona de influência do Plano de Ayala e as ocupações de terra se multiplicavam. Em princípios do ano de 1914, os zapatistas controlavam militarmente um amplo território, desde a proximidade da capital da República até a costa do Oceano Pacífico. Esse processo de ampliação e controle territorial se aprofundou ao fim desse ano, pois os zapatistas tomaram em combate a capital da República e, também, a segunda cidade em importância do país.

Um dos primeiros efeitos decorrentes dessa situação de controlar cidades foi a emissão de um decreto por Emiliano Zapata para encorajar que a tarefa de nacionalização se aplicasse sobre propriedades urbanas. Mas, além disso, há outro aspecto importante. Se, no Plano de Ayala, os beneficiários das nacionalizações eram somente viúvas e órfãos, agora, também deviam ser os trabalhadores sem-terra. Ou seja, "a imensa maioria dos camponeses e cidadãos mexicanos que não são donos a não ser do chão que pisam" agora seriam beneficiários da luta zapatista por duas vias: a expropriação dos proprietários poderosos e a nacionalização de bens dos inimigos da revolução.

> *Artigo 4.* As propriedades rurais nacionalizadas passarão ao poder dos camponeses que não tenham terra para cultivar e que necessitem de outros elementos para lavoura, ou se destinarão à proteção de órfãos e viúvas daqueles que sucumbiram na luta que é sustentada pela vitória dos ideais evocados no Plano de Ayala.
> *Artigo 5.* As propriedades urbanas e outros interesses dessa espécie nacionalizados dos inimigos da revolução agrária se destinarão à formação de instituições bancárias dedicadas ao fomento da agricultura, com a finalidade de evitar que os pequenos agricultores sejam sacrificados por usurários [...]
> *Artigo 7.* Os terrenos, montanhas e águas que sejam divididos não poderão ser vendidos ou alienados de nenhuma forma, sendo

> nulos todos os contratos ou transações que visem a alienar esses bens. (General em chefe do Exército Libertador Emiliano Zapata)

Com esta disposição, os chefes zapatistas executaram a nacionalização de propriedades urbanas em diversas cidades do país e no Distrito Federal. No decreto, é possível observar que o Exército Libertador estabeleceu com clareza a necessidade de transferir uma parte do valor excedente da cidade para o campo, a fim que os campesinos pobres não fossem vítimas de usurários. Essa determinação também tem um alcance de longa duração, pois vai contra a tendência milenar que tem tornado possível a formação das grandes cidades coloniais e imperialistas à custa de explorar e saquear os trabalhadores do campo nos países mais pobres. Outro princípio revolucionário contido nesse decreto é decisivo para garantir os direitos dos camponeses: as terras, montanhas e águas repartidos com o povo serão inalienáveis e ficarão fora da órbita do mercado.

Naquele tempo, a revolução camponesa defendeu o princípio de que a terra inclui a superfície e o subsolo; portanto, se a terra deve ser dos trabalhadores, também o deve ser o subsolo. Nesta conjuntura, um chefe zapatista enviou à Convenção Revolucionária uma iniciativa para nacionalizar o petróleo.

Nessas condições de expansão territorial, o Exército Libertador obteve o controle de muitos distritos mineiros localizados, principalmente, na zona montanhosa do sul da República. E, deste modo, a revolução camponesa teve condições materiais para cunhar moedas de prata e cobre; assim como bases concretas para estabelecer relações de aliança com trabalhadores não agrícolas, como mineiros e metalúrgicos. A cunhagem de moedas metálicas zapatistas foi uma prática muito ampla, devido às próprias necessidades da luta. Mas também porque se tratou de evitar a emissão de papel-moeda, pelas consequências econômicas negativas de "empapelar o povo".

Em Morelos, os zapatistas tomaram posse das antigas fazendas e os engenhos açucareiros nacionalizados foram transformados em Fábricas Nacionais. O engenho de Zacatepec, que havia alcançado uma produção de 5.393 toneladas de açúcar na safra de 1908-1909, foi a Fábrica Nacional número 7 da revolução camponesa.

Desde novembro de 1915, na Fábrica Nacional 22 (Atlihuayán), o Exército Libertador também instaurou sua escola militar. Convocaram generais zapatistas de Morelos, Guerrero, Distrito Federal, Estado do México, Puebla, Tlaxcala e Oaxaca para que enviassem jovens milicianos àquela escola, para receber cursos de três meses: 1. educação militar, regulamento das três armas, serviço de campanha e fortificação do campo de batalha; 2. conhecimento do material em uso, fabricação, cuidado, conservação e reparação de material. 3. manejo de armas, preferencialmente tiro e emprego de explosivos; 4. conhecimento de idioma, noções de aritmética e geometria; 5. noções de trigonometria, elementos de topografia, desenho topográfico e panorâmico; 6. cultura física adequada à arma que os educandos se dedicassem. Lá, também, se estabeleceu a Fábrica Nacional de Cartuchos e se cunhou uma moeda zapatista de prata com a inscrição "Plan de Ayala". A insurreição camponesa encontrava, em sua própria situação, o conteúdo de sua ação revolucionária: inimigos a vencer, aliados sociais para conquistar e medidas a adotar, impostas pelas próprias necessidades da luta. As consequências derivadas de suas próprias ações impulsionavam o Exército Libertador a seguir adiante. Sua tática e estratégia, como a de qualquer força revolucionária, constituiu um assunto de alcance prático e teórico: operações urbanas e expansão a outros territórios do país; reorganização da economia, transporte ferroviário e as comunicações telegráficas; restituição de terras usurpadas, confisco dos monopólios e nacionalização de bens dos inimigos da revolução; criação de Comissões Agrárias (com o apoio de engenheiros agrônomos) para estabelecer os limites nas divisões das terras, montanhas e águas, assim como para resolver diferenças que pudessem ocorrer entre camponeses e população; fundação de escolas e do banco agrícola, cunhagem de moedas; atendimento a viúvas, órfãos, enfermos e feridos; organização da Brigada Sanitária do Sul, hospitais militares e postos de socorro na linha de fogo; imprensa rebelde em distintos lugares, reuniões com sindicatos de trabalhadores, participação na fundação da Confederação Geral do Trabalho e nos debates da Convenção Revolucionária; organização do Centro Feminista e o Primeiro Regimento da Brigada Socialista do México – Sexo Feminino, na capital da república. Foi uma turbulência revolucionária surpreendente, dentro de uma longa história contra a usurpação, a exploração e o racismo.

> Meu general (Emiliano Zapata), estamos às suas ordens. General, quero que o senhor me faça o favor de me dar a nomeação (escrito) que o senhor disse que me daria, antecipando-lhe que no momento preciso de 50 carabinas e munições. Suplico ao senhor que tenha a bondade de me dizer a quem me dirijo para os haveres (soldos) de meus soldados.
>
> É quanto lhe diz Maria Guadalupe Muñiz. Agradeço que o senhor nos tenha concedido o que nossos corações desejavam, lutar pelo Plano de Ayala.

A resistência camponesa

Na primeira metade do ano de 1915, se formou uma convergência decisiva entre o governo dos Estados Unidos e o Exército Constitucionalista, inimigo feroz dos zapatistas e villistas.[3] Esta aliança se manifestou, primeiramente, como um

[3] Os villistas compreendem a militância de origem predominantemente camponesa liderada por Francisco "Pancho" Villa (Nota do Organizador). (N. E.)

enorme apoio em material de guerra (53.749 fuzis e carabinas, 25,3 milhões de cartuchos, apenas em nove meses); depois, em graves derrotas militares de villistas e zapatistas.

O Exército Libertador perdeu o controle militar da capital da república em agosto desse ano e, apesar de suas contraofensivas com enorme esforço, já não pode recuperá-la. Teve que recuar para o Sul. Em março de 1916, o Exército Constitucionalista invadiu o Estado de Morelos. Com o propósito explícito de fazer uma guerra de extermínio, o exército invasor massacrou a população civil em várias localidades, incendiou casas e realizou sequestros massivos, destruiu as lavouras de milho, as antigas fazendas e as Fábricas Nacionais da revolução camponesa. Simultaneamente, o exército dos Estados Unidos invadiu o México, uma vez mais, mas nesta ocasião com o objetivo de exterminar o villismo.

Aquela foi uma época de massacres por todos os lados: Paris e Santa Maria de Iquique; Cuba; Barcelona; Chicago; Somme; sertão brasileiro; Pequim e Tientsin, na China; Blood River, Montana; Camp Grant, Arizona; Idaho, Wounded Knee Creek em Dakota do Sul; Ijesa, Igbomina e Ekiti em Lagos; Amritsar, na Índia; Armênia; Nigéria; Congo; Filipinas; Indochina; sul da Argentina e Chile; Yucatán, Cananea, Tomóchic, Rio Blanco e o sul do México, a zona zapatista. Guerra total, com inventos da indústria capitalista como a metralhadora e a dinamite.

Os zapatistas resistiram em forma de guerra de guerrilhas e, também, enviaram comissões para o estrangeiro para tratar de conseguir munições e fazer trabalho de solidariedade internacional. Depois de uma intensa campanha, conseguiram expulsar o exército invasor em princípios de 1917 e empreenderam a reorganização geral de todas as atividades em Morelos. Foi um período muito difícil pois além da destruição humana e material, a fome, as epidemias e a dor nas famílias, foi estabelecido um bloqueio econômico contra o zapatismo.

> Por meio desta encarrego ao senhor [Jenaro Amezcua, general zapatista enviado a Cuba] que entre em contato com os centros e associações de trabalhadores da Europa e América, para explicar-lhes as finalidades da Revolução Agrária do México, assim como sua íntima solidariedade com os movimentos de emancipação que, na atualidade, o proletariado realiza em outras regiões do mundo [Rússia, Alemanha, Argentina etc.]. Igualmente o senhor os incentivará para que, em interesse da causa comum, propaguem em seus respectivos países os ideais que ela promove em prol da grande massa de camponeses geralmente descuidada e pouco atendida pelos propagandistas operários.
>
> General em chefe do Exército Libertador,
> Emiliano Zapata

Em finais do ano de 1918, ocorreu a segunda invasão do Exército Constitucionalista em Morelos e, em 10 de abril de 1919, Emiliano Zapata foi assassinado em uma emboscada. Todos os jornais de Nova York publicaram a notícia do crime. O *The New York Herald* fez um editorial sobre o assassinato de Zapata com uma incitação aberta para continuar o extermínio: "O direito a existir de qualquer governo do México depende da habilidade que demonstre para eliminar os seus inimigos". De sua parte, o jornal revolucionário do Uruguai, *La Batalla*, informou sobre o "selvagem assassinato perpetrado contra um dos mais honrados e sinceros homens da revolução, Emiliano Zapata".

Em 1921, o novo presidente da República enviou ao Congresso um projeto de lei para repartir os latifúndios e distribuir aos camponeses. No ano seguinte, precisamente no terceiro aniversário da emboscada a Zapata, o governo emitiu tal lei. Assim, por vontade expressa do governo, o assassinato de Emiliano Zapata ficou ligado ao nascimento da Reforma Agrária e a distribuição agrária zapatista, em Morelos, não foi revertida.

Mas, sobretudo, o Estado recuperou a emboscada de 1919 para enfatizar a política que ia dirigir aos camponeses. A mensagem para eles era, no mínimo, dupla: primeiro, referendar o assassinato do chefe insurgente ("Morreu Emiliano Zapata: o zapatismo está morto") e, segundo, regulamentar as aspirações agrárias dos camponeses.

Tão logo se promulgou essa reforma, o Estado proclamou que o artigo agrário da Constituição não teria nenhum efeito retroativo. Ou seja, por meio de uma argúcia legalista "o regime emanado da revolução" desconheceu os direitos históricos dos povos do milho. O governo simulava exaltar Zapata, quando, na verdade, quebrava o alcance histórico que teve a revolução camponesa liderada por Emiliano Zapata.

Nessa estratégia reformista, o Estado toma as decisões de realizar ou não a doação de terras e, também, capitaliza para si mesmo o benefício político da ação.[4] Assim, o Estado mexicano instituiu e explorou uma nova relação de subjugação e usurpação. A partir de então, o Estado apareceu como "revolucionário", enquanto o camponês foi reduzido a "solicitante".

Mas, nas reiteradas declarações do governo sobre a não retroatividade desse artigo constitucional, havia algo mais que o tema agrário: a questão do petróleo. Em seguida, o mesmo Estado estabeleceu que as companhias petroleiras, principalmente estadunidenses, que bastava possuir título de propriedade sobre a superfície do terreno, adquiriam direitos para explorar o subsolo mexicano. Pouco depois, a Casa Branca outorgou reconhecimento diplomático ao governo "emanado

[4] Segundo José Gomes da Silva, em *Reforma Agrária no Brasil* (1971), de 1934-1940, foi realizada uma segunda Reforma Agrária moderada, durante o governo nacionalista do general Cárdenas. Depois, entre 1945-1950, foram distribuídos 34 milhões de hectares para 1,6 milhões de famílias (Silva, 1971). (N. E.)

da revolução", por meio da guerra de extermínio, com as armas e munições proporcionadas pelos Estados Unidos.

A revolução camponesa do México faz parte da experiência mundial dos rebeldes na luta para eliminar a usurpação, a exploração e o racismo dos opressores. De fato, a façanha protagonizada pelos pobres do campo constitui uma contribuição a mais dos povos do milho.

> E a luta segue: de um lado, os acumuladores de terra, os ladrões de montanhas e águas, os que monopolizam tudo, desde o gado até o petróleo. E, de outro, os camponeses despojados de sua herança, a grande multidão daqueles que têm reclamações ou injustiças a serem ressarcidas, aqueles que têm sido roubados em seus salários ou em seus interesses, aqueles que foram expulsos de seus campos e de suas choupanas pela ganância do grande senhor e que querem recuperar o que é seu, ter um pedaço de terra que lhes permita trabalhar e viver como homens livres, sem capataz e sem amos, sem humilhações e sem misérias.
> General em chefe do Exército Libertador,
> Emiliano Zapata

Anexo: Plano de Ayala

PLANO DE AYALA.

Plano Libertador dos filhos do Estado de Morelos afiliados ao Exército Insurgente que defende o cumprimento do Plano de S. Luis, com as reformas consideradas convenientes de aumentar em benefício da pátria Mexicana.

Nós, abaixo-assinados, constituídos em Junta Revolucionária, para sustentar e cumprir as promessas feitas pela Revolução de 20 de novembro de 1910, declaramos solenemente perante o mundo civilizado que nos julga e perante a nação à qual pertencemos e amamos os propósitos que formulamos para acabar com a tirania que nos oprime e redimir a pátria das ditaduras que nos são impostas, as quais são determinadas no seguinte Plano.

1° Considerando que o povo mexicano liderado por dom Francisco I. Madero foi derramar seu sangue para conquistar suas liberdades e reivindicar seus direitos violados, e não para que um homem tomasse o Poder violando os princípios sagrados que jurou defender sob o lema de "Sufrágio Efetivo", "Sem Reeleição", ultrajando a fé, a causa, a justiça e as liberdades do povo; considerando que esse homem a quem nos referimos é dn. Francisco I. Madero, o mesmo que iniciou a supracitada revolução, que impôs como regra sua vontade e influência sobre o Governo Provisório do ex-Presidente da República, lic. dn. Francisco L. de La Barra, por ter-lhe aclamado o povo como seu Libertador, causando com esse fato reiterados derramamentos de sangue e multiplicado infortúnios para a pátria de uma maneira sorrateira e ridícula, sem outro objetivo que não satisfazer suas ambições pessoais, seu desmedido instinto tirano e seu profundo desprezo pelo cumprimento das leis preexistentes emanadas do imortal Código de 57, escrito com o sangue dos revolucionários de Ayutla; considerando que o chamado chefe da Revolução Libertadora do México C. don. Francisco I. Madero não trouxe um final feliz à revolução que tão gloriosamente iniciou com o apoio de Deus e do povo, uma vez que manteve a maioria dos poderes governamentais e elementos corruptos de opressão do Governo ditatorial de Porfirio Díaz, que não são, nem podem ser de forma alguma, a representação legítima da Soberania Nacional, e que, por serem fortes adversários nossos e dos princípios que até hoje defendemos, estão causando o mal-estar do país e abrindo novas feridas no seio da pátria para lhe dar de beber seu próprio sangue; considerando que o supracitado sr. Francisco I. Madero, atual Presidente da República, tenta evadir-se ao cumprimento das promessas que fez à nação no Plano de S. Luis Potosí, afastando-se das promessas acima mencionadas nos acordos de Ciudad Juárez, seja anulando, aprisionando, perseguindo ou matando elementos revolucionários que o ajudaram a ocupar o alto cargo de presidente da República por meio de suas falsas promessas e inúmeras intrigas à nação; considerando que o muitas vezes mencionado sr. Francisco I. Madero tentou ocultar com a força brutal das baionetas e afogar em sangue os povos que pedem, solicitam ou exigem o cumprimento de suas promessas à revolução, qualificando-os de bandidos e rebeldes, condenando a uma guerra de extermínio, sem conceder ou outorgar nenhuma das garantias prescritas pela razão, pela justiça e pela lei; considerando que o presidente da República, sr. don. Francisco I. Madero, fez do sufrágio efetivo uma sangrenta burla do povo, seja impondo contra a vontade do mesmo povo na Vice-Presidência da República ao Lic. José María Pino Suárez, ou aos governadores dos Estados por ele designados, como o chamado general Ambrosio Figueroa, carrasco e tirano do povo de Morelos; seja entrando em escandaloso conchavo com o partido científico, proprietários de terras feudais e chefes opressores, inimigos da revolução proclamada por ele, a forjar novas correntes e seguir o modelo de uma nova ditadura, mais opressiva e mais terrível que a de Porfirio Díaz, fica claro e patente, assim, que se ultrajou a soberania dos estados, violando as leis sem nenhum respeito por vidas e interesses, como aconteceu no Estado de Morelos e outros, levando-nos à mais terrível anarquia que registra a história contemporânea; por essas considerações, declaramos o supramencionado Francisco I. Madero inepto para realizar as promessas da Revolução da qual foi autor, por ter traído os princípios com os quais zombou da fé do povo e pôde chegar ao poder; incapaz de governar, por não ter nenhum respeito à lei e à justiça dos povos, e traidor da pátria por estar a sangue e fogo humilhando os mexicanos que desejam suas liberdades, por agradar cientistas, proprietários de terras e chefes que nos escravizam, a partir de hoje começamos a continuar a Revolução iniciada por ele, até conseguir a derrubada dos poderes ditatoriais que existem.

2° Deixa-se de reconhecer como chefe da Revolução o sr. Francisco I. Madero e como presidente da República, pelas razões expostas acima, buscando a derrubada deste funcionário.

3° Reconhece-se como chefe da Revolução libertadora ao ilustre c. general Pascual Orozco, número dois do caudilho don. Francisco I. Madero, e, em caso de não aceitação deste delicado posto, se reconhecerá como chefe da Revolução ao c. general Emiliano Zapata.

4° A Junta Revolucionária do Estado de Morelos declara à nação sob protesto: que endossa o Plano de San Luis Potosí, com as adições expressas abaixo, em benefício dos povos oprimidos, e se tornará defensor dos princípios que defende até vencer ou morrer.

5° A Junta Revolucionária do Estado de Morelos não admitirá transações ou compromissos políticos até a derrubada dos elementos ditatoriais de Porfirio Díaz y don. Francisco I. Madero; pois a nação está cansada de homens falaciosos e traidores que fazem promessas como libertadores, mas que, ao chegar ao poder, esquecem-se delas e tornam-se tiranos.

6° Como parte adicional do Plano que invocamos, declaramos: que as terras, montanhas e águas que tenham sido usurpadas pelos proprietários de terras, cientistas ou chefes à sombra da tirania e da justiça venal tornar-se-ão propriedade dos povos ou cidadãos que tenham seus títulos correspondentes a essas propriedades, das quais foram despojados pela má fé de nossos opressores, mantendo em transe, com as armas em mãos, a mencionada posse e os usurpadores que se creem com direito a elas; essas terras serão deduzidas perante tribunais especiais que se estabeleçam no triunfo da Revolução.

7° Em virtude do fato de que a imensa maioria dos povos e cidadãos mexicanos não são mais proprietários do que da terra em que pisam, sofrendo os horrores da miséria sem poder melhorar em nada sua condição social nem poder dedicar-se à indústria ou à agricultura pelo fato de que a terra, as montanhas e as águas estão monopolizadas em umas quantas mãos; por esse motivo, serão desapropriadas, após compensação da terceira parte desses monopólios aos seus poderosos proprietários, para que os povos e cidadãos do México obtenham *ejidos*, colônias, fundos legais para cidades, ou campos de semeadura ou de trabalho, e melhorar em tudo e para todos a falta de prosperidade e bem-estar dos mexicanos.

8° Os proprietários de terras, cientistas ou chefes que se opuserem direta ou indiretamente a este Plano terão seus bens nacionalizados e os dois terços a eles correspondentes serão destinados para indenizações de guerra, pensões de viúvas e órfãos das vítimas que sucumbam na luta pelo presente Plano.

9° Para executar os procedimentos referentes aos bens supracitados, as leis de confisco serão aplicadas conforme apropriado; pois a norma e o exemplo podem ser executados pelo imortal Juarez, os bens eclesiásticos que destruíram os déspotas e os conservadores, que sempre tentaram impor o jugo ignominioso da opressão e do retrocesso.

10° Os chefes Militares Insurgentes da República que levantaram com as armas em punho a voz de don. Francisco I. Madero para defender o Plano de San Luis Potosí, e que agora se opuserem a este Plano com força armada, serão julgados traidores da causa que já defenderam e da pátria, já que muitos deles hoje em dia, por agradar aos tiranos, por um punhado de moedas, ou propina, ou suborno, estão derramando o sangue de seus irmãos, que reclamam o cumprimento das promessas que fez à nação don. Francisco I. Madero.

11° Os gastos de guerra serão tomados conforme o prescrito no Artigo XI do Plano de San Luis Potosí, e todos os procedimentos empregados na Revolução que empreendemos serão conformes à instrução que determina o mencionado Plano.

12° Uma vez triunfada a Revolução que temos tornado realidade, uma Junta dos principais chefes revolucionários dos distintos Estados nomeará ou designará um presidente interino da República, quem convocará eleições para a organização dos demais poderes federais.

13° Os principais chefes revolucionários de cada Estado, na Junta, designarão o governador provisório do Estado ao qual correspondem, e esse alto funcionário convocará eleições para a devida organização dos Poderes públicos, a fim de evitar lemas forçados que causem o infortúnio dos povos, como o tão conhecido de Ambrosio Figueroa, no Estado de Morelos, e outras que nos levam ao precipício de conflitos sangrentos sustentados pelo capricho do ditador Madero e pelo círculo de cientistas e proprietários de terras que os sugeriram.

14° Se o presidente Madero e outros elementos ditatoriais, do atual e do antigo regime, desejam evitar imensos infortúnios que afligem a pátria, que renunciem imediatamente à posição que ocupam e, com isso, refaçam um pouco as grandes feridas que abriram no seio da pátria; pois, se não o fizerem, o sangue derramado de nossos irmãos cairá sobre suas cabeças.

15° Mexicanos: considerem que a astúcia e a má fé de um homem estão derramando sangue de maneira escandalosa por ser incapaz de governar, considerando que seu sistema de governo está oprimindo a pátria e oprimindo com a força bruta das baionetas nossas instituições; e, assim como erguemos nossas armas para elevá-lo ao poder, agora as voltaremos contra ele por haver faltado com seus compromissos com o povo mexicano e traído a revolução; não somos personalistas, somos partidários dos princípios e não dos homens.

Povo mexicano: apoie este plano com armas em punho e você fará a prosperidade e o bem-estar da pátria.

Reforma, Liberdade, Justiça e Lei. Ayala, 28 de novembro de 1911.

GENERAIS: Emiliano Zapata, José T. Ruiz, Otilio E. Montaño, Francisco Mendoza, Jesús Morales, Eufemio Zapata, Próculo Capistran.

CORONÉIS: Agustín Cázares, Rafael Sánchez, Cristóbal Domínguez, Santiago Aguilar, Feliciano Domínguez, Fermín Omaña, Pedro Salazar, Gonzalo Aldape, Jesús Sánchez, Felipe Vaquero, Clotilde Sosa, José Ortega, Julio Tapia, N. Vergara, A. Salazar.

TENENTE CORONEL: Alfonso Morales.

CAPITÃES: Manuel Hernández H., José Pineda, Ambrosio López, Apolinar Adorno, José Villanueva, Porfirio Cazares, Antonio Gutiérrez, Pedro Vúelna, O. Nero, C. Vergara, A. Pérez, S. Rivera, M. Camacho, T. Galindo, L. Franco, J. M. Carrillo, S. Guevara, A. Ortiz, J. Escamilla, J. Estudillo, F. Galarza, F. Caspeta, P. Campos.

TENENTE: A. Blumenkron.

A RECONDUÇÃO COMUNITÁRIA DA REFORMA AGRÁRIA NA BOLÍVIA: AVANÇO NA CONSTITUCIONALIZAÇÃO DA QUESTÃO DA TERRA E TERRITÓRIO COMO BASE DO PROJETO DOS POVOS[1]

PILAR LIZÁRRAGA ARANIBAR
CARLOS VACAFLORES RIVERA

A HISTÓRIA DA BOLÍVIA TEM SIDO marcada por um processo constante de usurpação dos territórios e pela consolidação de um direito de propriedade privada frente aos direitos territoriais dos povos originários e ancestrais. O problema da repartição e distribuição da terra como fato estatal remete à análise da invasão e da colônia na qual se baseia uma estrutura agrária contemporânea que reflete a pilhagem sistemática dos territórios e dos povos ancestrais.

É no século XX que ocorrem dois fatos revolucionários contrastantes na Bolívia. A revolução de 1952, que teve como epicentro os vales e a região do altiplano do país e que pela via armada viabilizou a Lei de Reforma Agrária de 1953, dando lugar a um processo de transformação da estrutura agrária nessas regiões do país, ao propor uma repartição de terras baseada no direito de propriedade privada e no princípio de que a terra é de quem nela trabalha.

Esse processo se caracterizou, por um lado, pela falta de articulação da problemática territorial dos povos indígenas

---

[1] Originalmente escrito em espanhol, o texto é de 2016.

de terras baixas que se encontram no Oriente, na Amazônia e no Chaco da Bolívia e, por outro lado, por um projeto de Estado em torno da construção do nacional-popular, em que o comunitário como possibilidade política foi proscrito. Esse momento histórico, na leitura de intelectuais bolivianos, foi um processo falido para transformar as estruturas agrárias, cimentando em todo caso o processo de despojo dos povos em sua dimensão coletiva, na parte andina e nos vales da Bolívia, e ancorando e sobrepondo direitos, na parte oriental do país onde se encontra a diversidade de povos indígenas originários (Rivera, 1993; Lizárraga e Vacaflores, 2010).

Já em termos de alcance, durante esse período (1953-1992) foram titulados 57.305.322,7522 hectares, dos quais 39.242.784,1129 hectares (68%) foram para empresas e para a média propriedade, sem levar em consideração que, neste processo, não se abordou a problemática territorial dos povos desde a perspectiva do direito coletivo (ver quadro 1).

Quadro 1 – Processo de titulação da terra por períodos históricos na Bolívia

Tipo de Propriedade	Período*	
	1953-1993	1996-2005
Empresa	23.011.055,2333	921.185,9800
Média	16.231.728,8796	309.247,3128
Pequena	1.850.030,8281	707.711,8664
Solar camponês	23.066,1021	145,8535
Propriedade comunal	12.209.511,1437	1.523.125,6605
Sem dados	898.322,5654	
Terras fiscais		0,00
TCOs		5.762.057,8299
Total	57.305.322,7522	9.223.457,4931

Fonte: INRA, 2010. * N. E.: Em hectares.

Durante o governo neoliberal de Gonzalo Sánchez de Lozada, em 1996, foi aprovada a nova Lei de Terras 1.715, que incorporou nas categorias de propriedade as Terras Comunitárias de Origem (TCO), uma forma de propriedade agrária que dá visibilidade aos territórios reivindicados pelos povos indígenas; e estabeleceu, também, a obrigação de regularizar a propriedade da terra, possibilitando diferentes modalidades de regularização e titulação, entre as quais se encontrava a regularização das TCOs. Esse processo se caracterizou por ser viciado, com uma institucionalidade sem credibilidade, e com altos custos de investimento no processo de regularização e titulação (INRA, 2008). Entre 1996 e 2005, conseguiram "regularizar" um total de 9.223.457 hectares, dos quais 5.762.057 hectares sob a modalidade de TCOs (cf. quadro 1) que, em termos gerais, não representam nem 2% do total reclamado pelos povos indígenas, sendo esta uma clara estratégia para favorecer os proprietários irregulares que se encontravam nos territórios indígenas.[2]

Este período foi concluído em 2005, a partir da virada da agenda agrária, resultado do processo de lutas anticolonialistas e anticapitalistas que ocorreram na Bolívia durante as décadas de 1990 e 2000, culminando com a vitória de Evo Morales nas eleições nacionais de 2005, conseguindo colocar em pauta a descolonização do território através do desmantelamento da estrutura agrária colonial e republicana que sustenta as bases do Estado na Bolívia, abordando o problema da terra não somente pela perspectiva do direito agrário, mas de direitos territoriais, trazendo consigo uma dimensão de reconstituição do comunitário como significante neste processo.

---

2 A regularização da propriedade agrária não é uma figura nova para consolidar a usurpação dos territórios indígenas. Durante a colônia foi usada a mesma estratégia, denominada "composição de terras", através da qual o Estado colonial ratificava a propriedade dos espanhóis dentro dos territórios indígenas, obtida por meio de enganações e artifícios escusos (Vacaflores, 2011).

É, então, em 2005, que se abre outra etapa para o tratamento da problemática da terra e território na Bolívia em dois campos políticos: 1) no âmbito da Assembleia Constituinte; 2) no então Parlamento nacional, ambos com o objetivo de destravar a estrutura agrária herdada da colônia (INRA, 2008) e avançar na expressão do sistema político dos povos a partir da restituição do direito territorial, que fundamenta a autonomia dos povos. As propostas trazidas pelos povos indígenas originários camponeses, em ambos os campos, foram fundamentadas em uma leitura dos processos de resistência que remetem à matança de Kuruyuki (1892), à rebelião de Zarate Willca (1899), à proposta da Lei Agrária Fundamental (1984) apresentada pela Confederação Sindical Única de Trabalhadores Campesinos da Bolívia (CSUTCB) e às lutas e resistências no âmbito do último ciclo liberal, como são as seis marchas indígenas de terras baixas e altas que ocorreram entre 1990 e 2006 (Almaraz, 2010).

O debate sobre a questão da Terra e do Território, no marco da Assembleia Constituinte e da Lei de Terras, foi conduzido pelos povos indígenas e camponeses da Bolívia, tanto do Ocidente quanto do Oriente, os quais, através de suas organizações de origem, formam o Pacto pela Unidade (Schavelzon, 2012), fato que contrasta com o processo de 1953 em que os ausentes eram os povos das terras baixas do Oriente, do Chaco e da Amazônia boliviana. A Assembleia Constituinte (2006-2008) ocorreu em um clima de tensão política e alta polarização social. As classes dominantes tradicionais, derrotadas pela rebelião das classes dominadas, foram deslocadas para os níveis subnacionais (departamentos), de onde se rearticularam e constituíram o projeto separatista da Media Luna, em um esforço desesperado para manter o privilégio ameaçado pelo projeto emancipatório deste sujeito com um projeto de transformação estatal (Lizarraga e Vacaflores, 2010). A Assembleia Constituinte teve participação central dos Povos Indígenas Originários Camponeses, cuja reivindicação era a transformação das estruturas sociais e estatais de origem colonial, questionando fundamentalmente a estrutura agrária do país, enfrentando-se duas visões de país completamente antagônicas que põem a terra e o território no epicentro do debate.

Um dos temas de debate no processo constituinte está relacionado ao tipo de propriedade e suas características, questionando a estrutura da propriedade da terra estabelecida na Lei de 1953, na qual se consolida o direito privado, sob a categoria de propriedade média e de empresa agrícola (Lizarraga, 2010). Esse tema é essencial na discussão, já que inclui no texto da Constituição Política do Estado (aprovado por referendo em 2009) o tipo de propriedade, incorporando os direitos coletivos expressos no nono capítulo de terra e território, em seus artigos 393 a 398 e, em contrapartida, o da extensão da propriedade expresso no artigo 399, submetido a referendo pela falta de consenso dentro da câmara da Assembleia Constituinte.

Paralelamente à época do debate na Assembleia Constituinte, o Governo de Evo Morales, representado pelo vice-ministro de Terras, Alejandro Almaraz, avança na promulgação de sete decretos que alteram a Lei de Terras, em 2006, para culminar com a aprovação da Lei de Recondução Comunitária, em 2007. O debate do alcance da Lei de terras atinge, de um lado, a estrutura de propriedade que marca uma assimetria entre sujeitos, a invisibilidade de direitos territoriais coletivos dos povos de terras baixas, o fomento ao despojo dos territórios dos povos a partir de processos contemporâneos de deslocamentos humanos que geram sobreposições de direitos entre os povos e confrontam concepções de vida distintas. E, de outro lado, o alcance das políticas de desenvolvimento dos governos neoliberais que fomentam a agroindústria e o agronegócio e que, paulatinamente, vão se expandindo sobre territórios dos povos em terras baixas, afetando a integralidade dos territórios dos povos através de um gradual incentivo à produção do agronegócio, que se constitui no fator dinamizador de uma economia capitalista (Almaraz, 2008).

Nesse contexto, a estrutura agrária que é posta em debate no âmbito da Assembleia Constituinte – e com a promulgação dos sete decretos e da Lei – é caracterizada pela invisibilidade dos direitos coletivos e territoriais dos povos, por uma fragmentação dos territórios pré-existentes e por um limite à concepção do exercício territorial dos povos a partir da presença de um latifúndio improdutivo e de sujeitos que transitam de um horizonte histórico colonial, liberal e popular, no qual convivem tanto direitos coletivos comunitários quanto direitos individuais, dando lugar a uma estrutura territorial heterogênea, baseada no direito individual da propriedade da terra, onde os níveis mais altos de concentração da terra estão nas planícies orientais do país, assentadas em latifúndios, o que também serviu de base para a consolidação do poder político dentro do Estado. Isso, na perspectiva de Rivera (1993), se consolida com a Reforma Agrária de 1953, que pode ser lida a partir dos tipos de propriedade da terra que tornaram visível um direito agrário com a definição de solar camponês (lugar de residência do camponês, que não pode ser dividido), da pequena propriedade e de comunidades indígenas (ver quadro 2).

Quadro 2 – Estrutura de tipo de propriedade segundo períodos da legislação agrária boliviana (1953-2006)

Época do Direito Agrário		Época do Direito Agrário-territorial
Lei de REFORMA de 1953	Lei INRA n. 1715	Lei de Recondução Comunitária

Tipo de propriedade – Extensão	Característica	Tipo de Propriedade – Extensão	Característica	Tipo de propriedade – Extensão	Característica
Solar Camponês	Lugar de residência do camponês. Não pode ser dividido.	Solar Camponês	Lugar de residência do camponês. Não pode ser vendido, nem embargado, não paga imposto.	Solar Camponês	Lugar de residência do camponês e sua família. É indivisível e tem caráter de patrimônio familiar não embargável.
Pequena propriedade (entre 35 e 80 ha, conforme ecorregião)	Terra que o camponês e sua família trabalham pessoalmente, cuja produção é para subsistência.	Pequena propriedade (entre 10 e 500, conforme a ecorregião).	A terra em que o camponês e sua família trabalham pessoalmente. Não paga impostos e pode ser vendida se não estiver proibido por lei.	Pequena propriedade	Fonte de recursos de subsistência do titular e sua família. É indivisível e tem caráter de patrimônio familiar não embargável.
Média propriedade (até 350 ha no Altiplano e até 600 ha no Chaco)	Extensão maior que a anterior e é explorada contratando trabalhadores e meios técnico-mecânicos. O volume produzido é dirigido ao mercado.	Propriedade média (entre 150 e 2.500, conforme eco região).	Propriedade cuja produção se realiza com trabalho assalariado e maquinaria, dirigida principalmente para o mercado.	Média propriedade	É explorada com o concurso de seu proprietário, trabalhadores assalariados e empregando meios técnico-mecânicos. Seu volume principal se destina ao mercado.
Empresa agrícola (entre 400 e 2 mil ha)	Terra na qual é investido capital em grande escala. Conserva regime misto de colonato e assalariado.	Empresa agrícola (entre 400 e 50 mil, conforme a ecorregião e a atividade).	Propriedade com investimentos, assalariados, maquinarias. Produz-se principalmente para o mercado.	Empresa Agropecuária	É explorada com capital suplementar, regime de trabalho assalariado e emprego de meios técnicos modernos.

Comunidade Indígena	Terras tituladas coletivamente em favor de grupos sociais indígenas.	Propriedade Comunitária.	Terras tituladas coletivamente a comunidades para sua subsistência.	Propriedade comunal	Titulada coletivamente a comunidades camponesas, fonte de subsistência de seus proprietários.
Propriedade agrária e Cooperativa	Terras concedidas a agricultores associados.				
		Terra Comunitária de Origem.	Lugar onde vivem as comunidades, povos indígenas e camponeses segundo suas formas de organização econômica e social.	Terra Comunitária de Origem.	Espaços geográficos, habitat de povos indígenas e originários onde mantêm suas próprias formas de organização econômica, social e cultural.

Fonte: Elaboração com base na Lei de Reforma Agrária, Lei 1.715 e da Lei da Recondução Comunitária.

A marcha pelo "Território e Dignidade", liderada pelos povos indígenas de terras baixas, exigia ao governo neoliberal a necessidade real de repensar os tipos de propriedade, obrigando que fosse inscrita a categoria de TCOs como um tipo de propriedade que permite que o sujeito do direito coletivo, povos indígenas das terras baixas, seja visível na estrutura agrária, sem que a inscrição no marco legal estenda o tratamento do direito agrário ao direito territorial (conversa pessoal Almaraz Alejandro). Somente em 2006, com a Lei n. 3.545, os direitos territoriais são colocados em pauta, superando o limite e o tratamento propostos pelo direito agrário à problemática dos direitos coletivos dos povos das terras baixas, representando uma contribuição essencial, na nossa concepção, para avançar em uma revolução que permita modificar a questão agrária no país.

A estrutura da propriedade que é proposta pela Lei de Reconstrução Comunitária afeta a definição do tipo de propriedade e modifica a área definida na legislação anterior. Mas, em contrapartida, discute o processo de reconstituição dos territórios dos povos indígenas, principalmente de terras baixas, enfrentando as concepções de reforma agrária que têm como instrumento central a redistribuição da terra com base nos direitos de propriedade individual, em detrimento do direito coletivo e comunitário sobre o território. Isso confronta povos indígenas camponeses com as classes dominantes, que consolidaram seu poder a partir da apropriação privada de terras que dão origem aos latifúndios, com o apoio do Estado colonial, sempre a partir do reconhecimento somente do direito individual sobre a propriedade da terra.

Os ajustes normativos ao regime agrário com os sete decretos promulgados em 2006, anteriores à promulgação da Lei de Recondução Comunitária, avançam na reconceituação e em medidas diretas para desmantelar os latifúndios improdutivos, constituindo-se em uma base da pauta dos povos no tema agrário, estabelecendo que todas as terras devolutas disponíveis e as terras devolutas a serem identificadas durante os processos em andamento sejam destinadas exclusivamente a comunidades indígenas e camponesas. Redefine-se o conceito de terras devolutas disponíveis, incluindo as retomadas e as desapropriadas. Declara-se de emergência nacional a conclusão do processo de regularização da propriedade agrária, garante-se a participação das organizações sociais e empresariais do campo no processo, prioriza e garante a participação das mulheres na titulação e determina a adoção de medidas de precaução em qualquer procedimento de competência do INRA, prevendo inclusive o uso da força pública a fim de garantir a autoridade do Estado (Vice Ministério de Terras, 2008, p. 66).

Isto dá lugar a outra política de terras, que planeja que, até 2032, se tenha resolvido a "questão agrária na Bolívia e a posse de terras tenha deixado de ser fator de poder e fonte de conflito social". Afirma-se que, com a transformação das estruturas agrárias, o país terá extinguido uma dívida histórica com os povos originários longamente pendente, e com isso tenha eliminado o principal fator de instabilidade política, econômica e social (Vice Ministério de Terras, 2008, p. 57). A transformação das estruturas teria o desafio de dar visibilidade aos territórios dos povos que foram fragmentados, cuja reconstituição é prioritária para expressar o direito coletivo dos povos, e implica a restituição dos territórios indígenas desmontando os latifúndios improdutivos, resolvendo a sobreposição de direitos consuetudinários com direitos cidadãos construídos no marco de um horizonte histórico de memória curta, abrindo espaço para a reconstituição da geografia dos povos (Lizarraga, 2011).

Um princípio sobre o qual se baseia o processo é a descolonização das estruturas agrárias

> [...] a partir da eliminação do latifúndio e da acumulação especulativa, abusiva e injusta de propriedades; da eliminação da servidão e da exploração do trabalho humano e da consolidação dos direitos territoriais dos povos indígenas originários que prioriza a restituição de terras a comunidades indígenas, restabelecendo o direito histórico dos povos sobre seus territórios, seu direito à autodeterminação e a conservar ou construir culturas. (Vice Ministério de Terras, 2008, p. 59)

Propõe-se, de fato, a descolonização do território (Lizarraga, 2011).

No marco da quinta Marcha Indígena, em 28 de novembro de 2006, é aprovada a lei de Recondução Comunitária, entrando em vigência em 2 de agosto de 2007 através do Decreto Supremo 29.215, modificando com este novo instrumento a

Lei Agrária 1.715 de 1996, e se transformando em instrumento jurídico para avançar na reconstituição dos territórios dos povos indígenas a partir de mecanismos como a reversão e a expropriação de terras como instrumentos de justiça histórica. Esse arcabouço de ações estabelece, em primeira instância, a efetivação da distribuição e redistribuição coletiva de terras devolutas disponíveis e recuperadas em benefício dos povos e comunidades indígenas originárias camponesas, sem-terra ou com terra insuficiente; bem como a prioridade do acesso à terra para famílias e comunidades submetidas a *empatronamiento*,[3] cativeiro e trabalho forçado (Artigo 4, Decreto Supremo 29.215).

Essa lei avança na determinação do caráter social do direito, incorporando três temas: a terra é de domínio originário da nação e, portanto, é estabelecido o retorno dela; a incorporação de normas, usos e costumes dos povos para solucionar os conflitos que ocorram nas comunidades; e a preponderância do bem-estar social sobre o bem-estar individual (Artigo 3, Decreto Supremo 29.215). Estabelece também que a distribuição e redistribuição de terras devolutas é um mecanismo para a reconstituição dos territórios e, para incidir em uma distribuição equitativa da terra e dos espaços territoriais, propõe-se a dotação coletiva às comunidades camponesas e povos indígenas de forma exclusiva até que se tenha superado os desequilíbrios produzidos na história de pilhagem dos territórios ancestrais.

A reversão e a expropriação são instrumentos complementares para a recuperação de terras. A reversão é aplicada quando o proprietário faz um uso da terra que prejudica o interesse

3 Sistema de trabalho entre comunidades guaranis que necessitam deixar suas Terras Comunitárias de Origem (TCO) ou, se tiveram suas terras expropriadas, que buscam se incorporar a uma fazenda para trabalhar para um patrão. Sistema de trabalho semelhante à servidão.

da sociedade e do Estado, considerando não somente os níveis de produtividade e o pagamento de impostos, mas também o regime de trabalho, a qualidade dos alimentos produzidos, níveis de impacto ambiental que afetam o conjunto da sociedade; estabelecendo-se sob esses critérios uma conceituação mais ampla do uso da terra sob a forma empresarial (Art. 52, Lei 3545, p. 34).

O conceito de expropriação assume uma dimensão social e de restituição histórica para avançar na reconstituição dos territórios fragmentados, e sua aplicação está determinada por utilidade pública para redistribuir terras destinadas aos povos indígenas ou originários que, nem como resultado do processo de regularização da propriedade agrária, nem da distribuição de terras devolutas, tenham sido beneficiados com terra suficiente em quantidade e qualidade e localização geográfica para assegurar a subsistência física e reprodução étnica (Decreto Supremo 29215, 2009, p. 132). O pagamento dessas expropriações é uma dívida histórica que o Estado assume, como reposição por sua atuação histórica contra os povos indígenas.

Propõe-se que as terras expropriadas serão destinadas aos povos indígenas originários, consolidando direitos em três casos: o primeiro se refere à situação onde a demanda de um povo indígena por território não pode ser satisfeita com terras devolutas identificadas durante ou posteriormente ao processo de regularização. O segundo contempla comunidades cativas que serão dotadas com terras expropriadas de proprietários que descumprem a Função Econômica e Social (FES), para formar suas próprias comunidades em liberdade. O terceiro está dirigido a comunidades camponesas nas quais existem pequenas propriedades que não cumprem a FES por ausência prolongada de seus proprietários (Vice Ministério de Terras, 2008, p. 71).

Durante o período de implementação da recondução comunitária, iniciado em 2006, somente até 2012, foram 982.089 os beneficiários titulados com 55,4 milhões de hectares, cifras alcançadas nos primeiros seis anos de andamento do processo de recondução. Esta cifra é quase equivalente ao período de 1953 a 1992, quando se tem 57,3 milhões de hectares distribuídos a um total de 759.436 beneficiários em um período de 40 anos, com uma alta concentração na parte andina e nos vales. Durante a etapa de 1996 a 2006, período em que se implementa a nova lei agrária que substitui a Lei Agrária de 1953, a superfície titulada é de 12,3 milhões de hectares e beneficiou 55.715 pessoas (quadro 3).

Quadro 3 – Distribuição de terras por períodos de implementação da Legislação Agrária boliviana (1953-2012)

	Período		
	1953-1993	**1996-2006**	**2006-2012**
Número de processos	48.460	33.991	318.460
Beneficiários	759.436	55.715	982.089
Superfície em ha	57.305.322,7522	12.283.972,08	55.400.000,00

Fonte: Cedib, 2008; INRA, 2013.

Se analisarmos a composição do tipo de propriedade consolidada no período da recondução comunitária (cf. quadro 4), podemos observar que a categoria de propriedade correspondente à condição de território indígena, TCO, e a categoria de terra devoluta que permitiria restituir a territorialidade indígena são as que apresentam maior expressão neste período. A categoria de propriedade comunal correspondente fundamentalmente ao sujeito coletivo camponês, é a que segue em ordem de importância, inclusive com dados atualizados somente até 2009 e, com isso, pode-se constatar que a dinâmica de reconstituição da territorialidade comunitária frente à da propriedade privada individual é a que adquire inegável importância.

Quadro 4 – Distribuição de terras no período 2006-2009

Tipo de Propriedade	Período 2006-2009
Empresa	421.511
Média Propriedade	356.083
Pequena Propriedade	1.070.984
Solar Camponês	540
Propriedade comunal	3.401.257
Terras devolutas	15.239.784
TCOs	11.042.849
Total	31.533.008

Fonte: INRA, 2010.

A recondução comunitária da reforma agrária boliviana expressa um momento histórico de densificação específica do pensamento emancipatório boliviano, cujo cerne é a reconstituição de sujeitos sociais no âmbito da implementação do Estado plurinacional comunitário, uma espécie de atualização da questão agrária nos tempos da descolonização (Vacaflores, 2011), que amplia e aprofunda o tratamento agrário da terra em direção a um tratamento territorial, em que a recomposição do sujeito indígena, originário e camponês marca o ritmo das transformações políticas e institucionais que caracterizam o novo Estado plurinacional comunitário. As possibilidades históricas dessa nova fase do processo agrário boliviano se apresentam com muita complexidade e deveriam estar significadas pela reconstituição e restituição do prejuízo colonial do qual são objeto os povos e nações indígenas, originários e camponeses.

Embora o processo da revolução agrária boliviana se inscreva na normativa dos direitos territoriais indígenas, possibilitando a resolução da heterogeneidade territorial, consideramos que a pauta pendente deste processo é o destravamento dos direitos territoriais e a consolidação dos territórios dos povos indígenas de terras baixas, que é onde se concentra a maior diversidade de povos indígenas e a maior demanda de TCOs.

Referências

BOLÍVIA. *Ley de reconducción comunitaria*. La Paz: MDRama, 2006.

_____. *Constitución política del Estado*. La Paz: Vicepresidencia del Estado Plurinacional, 2009.

CEDIB. *Tierra e território em Bolivia*. Cochabamba: Cedib, 2008.

INRA. *Breve historia del reparto de tierras en Bolivia*: de la titulación colonial a la reconducción comunitaria de la reforma agraria – certezas y prospecciones. La Paz: INRA, 2008.

_____. *La tierra vuelve a manos indígenas y campesinas*: cambia la estructura de la propiedad agraria. La Paz: INRA, 2010.

_____. "Somos Tierra". *Tercera Época*, n. 4. Disponível em: www.inra.gob.bo. La Paz: INRA, 2013.

LIZARRAGA, Pilar. La descolonización del territorio. Dissertação de Mestrado. São Paulo: Unesp, 2011.

_____ y VACAFLORES, Carlos. "La descolonización del territorio: luchas y resistencias campesinas e indígenas en Bolivia", *in*: ALMEYRA, Guillermo *et al.* (coords.). *Capitalismo*: tierra y poder en América Latina (1982-2012), v. II, México: UAM/Clacso/Ediciones Continente, p. 17-64, 2014.

RIVERA, Silvia. "La Raíz: colonizadores y colonizados", *in*: ALBO, Xavier; BARRIOS, Raúl (Coords.). *Violencias encubiertas en Bolivia*. La Paz: Cipca--Aruwiyiri, 1993.

SCHAVELZON, Salvador. *El nacimiento del Estado Plurinacional de Bolivia*: etnografía de una Asamblea Constituyente. La Paz: Clacso/ Plural/IWGIA/ Cejis, 2012.

VACAFLORES, Carlos. *La cuestión agraria en tiempos de descolonización*. Tarija: Jaina, 2011.

VICEMINISTERIO DE TIERRAS. *Nueva política de tierras*. La Paz: Viceministerio de Tierras, 2008.

PARTE IV

REFORMAS AGRÁRIAS POPULARES

O PROBLEMA DA REFORMA AGRÁRIA NA CHINA[1]

JAYME MARTINS

O QUE SE COMPREENDE, CADA VEZ MAIS, das manifestações críticas e autocríticas que afloram na China, depois da morte de Mao Zedong e do fim da "Revolução Cultural" (1976), dentro e fora do Partido Comunista (PC) e do Governo, é que as imensas dificuldades ainda enfrentadas pela agricultura chinesa se devem, no fundamental, à precipitação e à pouca ciência com que se agiu, na década de 1950, para solucionar o problema agrário, após a repartição das terras, ao se proceder à transformação do sistema de propriedade dos meios de produção e ao se tratar de elevar o nível das relações de produção no meio rural (isto é, sua socialização), mediante sucessivas e agitadas alterações da ordem ali vigente, mediante a criação de grupos de ajuda mútua, logo seguida da criação de cooperativas agrícolas de produção, logo seguida da criação das comunas populares rurais – isto tudo em escala nacional, envolvendo entre 450 e 500 milhões de camponeses, em apenas quatro ou cinco anos.

---

1 Neste texto, escrito no início da década de 1980, o autor apresenta em perspectiva histórica o problema da reforma agrária na China, as experiências de cooperativas, grupos de ajuda mútua e comunas populares rurais e expõe os desafios enfrentados, à época, pelos camponeses e pelo Partido Comunista que dirigia o processo revolucionário. (N. O.)

As dificuldades agora reconhecidas e proclamadas não datam de hoje; elas já se avultavam em fins da década de 1950 e iremos encontrá-las, depois, na raiz de todas as convulsões e dificuldades econômicas, culturais, políticas e ideológicas pelas quais a China passou e passa até o presente.

Reforma Agrária

A reforma agrária oficial realizou-se entre 1949 e 1953 (isto é, entre o ano da proclamação da República Popular e o do início do I Plano Quinquenal),[2] mas já era uma política mais ou menos abraçada pelo PC desde sua fundação, em 1921, tendo sido exercitada ao longo da década de 1920 através das associações camponesas, sobretudo na Província de Hunan e também na primeira "base de apoio revolucionária rural", estabelecida nas montanhas Ging Gang (Ging Gang Shan) em 1927, após o rompimento da primeira Frente Única entre o PC e o Partido Nacionalista (Kuomintang), quando aquele transferiu o centro de gravidade de sua atuação para o campo. Em reunião de 7 de agosto daquele ano, o PC adotou a política destinada a empreender a revolução agrária e a organizar sublevações armadas no campo, a primeira das quais, sob comando pessoal de Mao Zedong, foi a famosa "Rebelião da Colheita do Outono", ocorrida em 1927, na região fronteiriça Hunan-Jiangxi, tendo por motivo o problema do arroz e que, apesar de derrotada em combate, resultou na criação da Primeira Di-

---

[2] O I Plano Quinquenal teve vigência entre 1953 e 1957. Em sintonia com a experiência econômica da União das Repúblicas Socialistas Soviéticas, o principal objetivo do referido plano consistia em realizar alterações significativas nas estruturas de produção e dar saltos no processo nacional de industrialização. À época, a China destacava-se na produção de algodão, energia elétrica, carbono e aço. Umas das principais características do I Plano Quinquenal é o desenvolvimento industrial de bens de produção. (N. O.)

visão do Exército Revolucionário de Operários e Camponeses, embrião do futuro Exército Vermelho Chinês.

Consubstanciadas suas ideias em lei do Partido, a reforma agrária foi adotada em 1933 pelo Governo Democrático Central de Rulching (o governo da base de apoio revolucionário central, que se estendia pelo interior da Província de Jiangxi, antes da Grande Marcha, e também conhecido como Governo da República Soviética da China – conforme a obra ou o tradutor), ao promulgar dois documentos: "Como analisar a situação das classes no campo" e "Decisões relativas a alguns problemas surgidos na reforma agrária". Tornados públicos somente em maio de 1948, um ano e meio antes da proclamação da República Popular, tais documentos foram postos em execução durante o cumprimento da Lei de Reforma Agrária pelo Governo de Pequim pós-1949, que os promulgou novamente, "com ligeiros cortes e algumas emendas", segundo publicação oficial de 1950.

Para efeito de confisco ou requisição da terra, do gado de tração, dos aparelhos agrícolas, das reservas de cereais e dos edifícios rurais, o conceito de latifundiário, sub-latifundiário, camponês rico, camponês médio acomodado etc. variava conforme as condições locais. E o procedimento em relação a eles era fixado em lei, com muito detalhe e não menos rigor. Não se podia, por exemplo, confiscar as empresas industriais e comerciais pertencentes a um latifundiário, assim como seus bens e suas terras sob exploração direta dessas empresas, pois este era considerado um aspecto burguês do latifundiário, e o PC, em seu compromisso de frente única com a burguesia nacional,[3] respeitou, nos primeiros anos da República Popular,

3 Burguesia nacional é aquela parte da burguesia chinesa que não é ligada ao capital estrangeiro nem ao latifúndio, ou não é ligada diretamente ou no fundamental.

a propriedade capitalista dessa parte da burguesia chinesa. em contrapartida, deviam ser requisitadas as terras pertencentes ao industrial ou comerciante que as explorasse em regime de relações de produção pré-capitalistas, assim como seus edifícios rurais já habitados por camponeses. Tratava-se, aqui, de podar a burguesia nacional naquilo em que adotasse relações de produção pré-capitalistas. Contudo, seus bens e empresas restantes, existentes no meio rural, deviam ser protegidos, ficando livres de qualquer intervenção.

Detalhe específico da reforma agrária chinesa, que caberia lembrar antes de desdobrar toda a questão, é a distribuição de parcelas iguais de terra para os dois membros do casal – para o marido e para a esposa, individualmente –, passo considerado imprescindível para se promover a independência dessa "outra metade do céu" e a indispensável mobilização desses 50% da imensa população chinesa para as duras tarefas de reerguimento do país, assolado que fora duramente por decênios e decênios de guerras intestinas e contra a ocupação estrangeira.

Outro detalhe. Durante a guerra de resistência à ocupação japonesa, de 1937 a 1945, o PC alterou sua política em relação aos latifundiários. Como os ocupantes japoneses passaram a ser considerados o inimigo principal, os latifundiários convertiam-se automaticamente em aliados potenciais ou em elementos neutros (sem falar nos colaboracionistas, claro). Em consequência, a palavra de ordem de tomada de terra aos latifundiários foi substituída pela exigência de rebaixamento das taxas de arrendamento e outras reivindicações que implicassem melhoria das condições de vida dos camponeses sem terra ou com pouca terra.

Grupos de ajuda mútua

Desde antes da reforma agrária, tinha-se por consabido que o grande problema representado pela necessidade de se alimentar aquele quase um quarto faminto da humanidade não poderia ser resolvido jamais por uma agricultura minifundizada. Havia que partir para uma produção agrícola intensiva, mecanizada, moderna, em grande escala. Urgia, portanto, a coletivização do trabalho de produção. O obstáculo maior para isto estava na ausência de uma tradição válida de cooperativismo no espaço agrário chinês. Mas seus germens já vinham sendo cultivados nas "zonas libertadas vermelhas", muito antes de 1949, mediante o estímulo a formas naturais, espontâneas, de ajuda agrícola, como o mutirão, fenômeno que foi deixando de ser ocasional, esporádico, para vir a ser iniciativa sazonal (por ocasião da aração ou da semeadura, da colheita ou de uma praga) ou então um acontecimento perene (para as diversas fainas agrícolas do ano todo). É o que aparece na literatura de referência como grupo de ajuda mútua, podendo este ser de primeiro grau ou de nível inferior, quando sazonal, e de segundo grau, nível superior ou ainda grupo de cooperação, quando anual.

Em geral, um grupo de ajuda mútua reunia de dez a 12 famílias, sob os princípios de voluntariedade, de vantagens recíprocas e de trocas equitativas. Estas famílias ajudavam-se mutuamente, empenhando-se em resolver sua insuficiência de fundos, sua carência de mão de obra e sua subsistência e continuando, cada qual, proprietária de sua parcela, de terra e demais meios de produção, bem como dos frutos colhidos na respectiva gleba.

Cooperativas

A proliferação dos grupos de ajuda mútua veio adubar o solo para que brotassem as sementes do cooperativismo, o qual também conheceu duas etapas de desenvolvimento. Primeiro, a cooperativa de caráter capitalista (de primeiro grau ou de nível inferior, conforme a obra ou o tradutor), porque cada membro continuava proprietário de sua gleba e demais meios de produção (animais de tração, instrumentos agrícolas etc.), e a distribuição da renda se fazia segundo a propriedade de cada um, mais os pontos individualmente registrados no trabalho coletivo de produção. Segundo, a cooperativa de caráter semissocialista (de segundo grau ou de nível superior), porque a propriedade dos meios de produção se diluía em propriedade coletiva do conjunto de membros de cada cooperativa, e a distribuição da renda se fazia de acordo somente com os pontos obtidos por cada um no trabalho coletivo de produção.

De maior envergadura que os grupos de ajuda mútua, cada cooperativa reunia 50, 80, 100 famílias, conforme a densidade demográfica local. No sistema de cooperativa semissocialista, seus membros usufruíam ainda de outras fontes de renda. Tinham direito a uma parcela de usufruto privado, onde podiam cultivar o que bem entendessem, para autoconsumo ou para comercializar, vendendo ao Estado ou diretamente à população, através de "feiras livres". Podiam dedicar-se à criação, junto à casa, de aves e outros pequenos animais domésticos (porcos, ovelhas, cabritos, coelhos, galinhas, patos etc.) e ao artesanato caseiro (fios e tecidos rústicos, bordados, tapetes, esteiras e outros artefatos de palha, palhinha, junco, vime, salgueiro, madeira, taboa, osso, couro, chifre, piaçava, barro, papel, bambu etc.). A comercialização da produção destes dois itens podia ser feita por aquelas duas mesmas formas.

É de se ressaltar esta estrutura dualista da economia chinesa, uma vez que tais itens de produção privada (mais as "feiras livres") tinham (e voltaram a ter depois da "Revolução Cultural") grande importância para a economia nacional, bem como para melhor atendimento da demanda popular de artigos de consumo imediato e de uso diário. A parcela de usufruto privado era responsável por cerca de 20% da produção chinesa de cereais, se bem que a ela os camponeses consagrassem apenas 20% de seu tempo de trabalho, daí obtendo cerca de um terço de sua renda. Estas glebas desempenham importante papel também em outros campos de produção, como a horticultura, cultivo de ervas medicinais, de fumo, beterraba etc.

Comunas populares rurais

Apesar dos êxitos obtidos, a cooperativa ainda era uma unidade pequena, limitada, incapaz de corresponder às necessidades da produção em larga escala de cereais e outros gêneros agropecuários essenciais à alimentação do povo e ao suprimento da indústria de transformação, bem como à necessidade de construção em massa de obras hidráulicas e outras obras de infraestrutura e da elevação do nível de vida material e espiritual das grandes populações camponesas. E novas formas de cooperação foram surgindo entre duas ou mais cooperativas adiantadas, espontaneamente ou com o incentivo das organizações do PC e dos governos locais. Esta espontaneidade se explica pela necessidade natural de ampliar a cooperação, a fim de se empreender obras de maior vulto: abrir um canal de irrigação, puxar uma linha de alta tensão, construir um reservatório, erguer um dique ou barragem, instalar uma usina elétrica, rasgar uma estrada, adquirir um trator ou outra máquina agrícola ou de terraplenagem – todas estas iniciativas conjuntas resultando em usufruto comum.

Feita a síntese destas e outras experiências de cooperação, em reunião especial do Comitê Central do PC, realizada em Beí Dai He, em agosto de 1958, o novo sistema foi oficialmente aprovado e, em menos de cinco meses, as 700 mil cooperativas se converteriam em quase 30 mil comunas populares rurais.

A diferença principal entre a cooperativa e a comuna não está na extensão territorial nem na amplitude da cooperação. O fundamental é que, enquanto a cooperativa se responsabiliza somente pela administração da produção agrícola, a comuna assume a administração de toda a produção econômica (agricultura, indústria, comércio e serviços), bem como a administração das obras públicas, da educação e cultura, da saúde e higiene, das finanças, da segurança pública, da justiça, de parte do poder militar (as milícias populares rurais). Assume, enfim, todas as incumbências do antigo *xiang*,[4] tornando-se a nova unidade administrativa básica do Estado chinês.

Esta nova unidade abarca, territorialmente, as cooperativas existentes no antigo *xiang*. Tendo passado por uma série de transformações, sobretudo de desmembramento, elas totalizam hoje cerca de 90 mil e sua população varia, de acordo com a densidade demográfica regional, entre 5, 10, 20 e 30 mil habitantes. Administrativamente, ela se divide em brigadas de produção e estas, em equipes de trabalho. Cada brigada compreende, em geral, o que era anteriormente uma cooperativa. Cada equipe corresponde, mais ou menos, a uma antiga aldeia, com uma ou mais dezenas de famílias.

Dentro dela, a propriedade dos meios de produção compreende três níveis. A comuna é proprietária das estações de tratores e outras grandes máquinas agrícolas e de terraplanagem, das minas de carvão e calcário, usinas de cimento, pedra britada e cal, usinas elétricas, bosques, olarias, usinas de fertilizantes e inseticidas, de papel, de aguardente e outras bebidas, fiação de algodão, equipes de transporte motorizado, estação de rádio de circuito fechado, hospital etc.

---

4 Unidade administrativa básica do antigo Estado chinês (pela ordem: província, município, distrito, subdistrito e *xiang*).

A brigada de produção é proprietária dos moinhos, máquinas de beneficiar e demais fabriquetas de elaboração de produtos agrícolas, fecularias, sirgarias, prensas de óleo, tratores médios e microtratores, máquinas agrícolas de porte médio e pequeno, caminhões, oficinas de reparação de veículos, pomares, granjas etc.

A terra não se estatiza. Ela é propriedade coletiva dos membros da equipe de trabalho, da mesma forma que as carroças e animais de tração, pequenos equipamentos e ferramentas agrícolas. A residência, em geral, é propriedade privada dos moradores da comuna.

Como unidade contábil básica, a equipe de trabalho procede à distribuição da renda uma ou duas vezes por ano (neste caso, após a colheita de verão e após a colheita de outono). É norma, antes da distribuição, dar conhecimento aos camponeses de um projeto, a ser discutido e aprovado em assembleia geral pelos membros da equipe. Após abater as importâncias referentes ao imposto agrícola, às sementes, à forragem, às despesas de produção, bem como aos fundos de investimento, de bem-estar e de reserva, consideram-se os pontos registrados por cada um no trabalho coletivo de produção. A distribuição se faz parte em dinheiro, parte em cereais – esta, de acordo com o número de bocas em cada família. Algodão em rama (para roupas acolchoadas e outras finalidades domésticas), lenha e hortaliças são distribuídos gratuitamente.

A máxima que rege a distribuição é "a cada um, segundo o seu trabalho". Assim, quem trabalha mais e produz mais, ganha mais.

Imposto agrícola

O imposto único no campo – o imposto agrícola – tem uma incidência cada vez menos significativa sobre a produção. A quantidade representada pela alíquota fixada em 1953 (13%) é mantida até agora, representando percentualmente, em média, menos de metade de então. Em numerosas comunas, representa hoje apenas 2 ou 3% da produção. O mesmo é válido para as comunas dedicadas à pecuária. Em caso de calamidade natural, ocorre isenção e o Estado ainda socorre as unidades mais prejudicadas com cereais e dinheiro.

O "esquerdismo"

Ao se formarem as comunas populares rurais, além da precipitação na implantação do novo sistema, já observada na implantação das cooperativas, o erro maior foi o do "esquerdismo", manifestado na abolição da parcela de usufruto privado e criação de aves e pequenos animais domésticos, na proibição do artesanato caseiro e das "feiras livres", o que afetou terrivelmente a renda dos camponeses e o suprimento do mercado, que ficou carente de copiosa quantidade de produtos agropecuários, sobretudo de cereais, hortaliças, carne de porco, aves, fumo, ervas medicinais etc., antes provenientes daqueles setores privados.

De mais grave repercussão ainda foi o fato de, na distribuição da renda aos camponeses, a parte de cereais destinada ao seu sustento ter deixado de ser entregue diretamente, a fim de ser substituída pela distribuição de cupons para comer em refeitórios coletivos. Foi uma calamidade, pela abrupta interrupção do hábito da comida caseira de cada um e ainda pela total falta de condições materiais para um empreendimento dessa natureza no espaço agrário chinês, absolutamente desprovido de infraestrutura e de tecnologia para tal serviço.

O resultado foi a improvisação de refeitórios e cozinhas coletivas em barracões, choças, estábulos, granjas desativadas etc., ou simplesmente debaixo de uma árvore ou arvoredo, impondo-se uma gororoba intragável que a todos indispunha, gástrica e politicamente.

A revolta foi tamanha que este último item acabou sendo revogado em pouco tempo, mas as outras quatro proibições (parcela, criação, artesanato e feira) foram mantidas até 1961, quando as comunas conheceram um drástico remanejamento, inclusive na sua envergadura. De perto de 30 mil, elas passaram a 70 mil. Aquelas proibições seriam novamente restabelecidas em 1966, ao desencadear-se a "Revolução Cultural". Problema seriíssimo, observado na mesma ocasião (1958), foram as gigantescas metas fixadas para a produção agrícola no II Plano Quinquenal, que vai de 1958 a 1962, com base nos êxitos obtidos durante o I Plano e na ilusão de um entusiasmo a surgir entre os camponeses em decorrência da simples elevação do nível das relações de produção. Pretendia-se um aumento de pelo menos 250% na produção de cereais, com base fundamentalmente no entusiasmo das massas pelo socialismo e sem um incremento significativo das forças produtivas. Pois foi um desastre. Quando os grãos começaram a ser recolhidos aos armazéns e silos, as cifras, a perder de vista de tantos zeros, minguavam de forma impressionante, atestando não somente o devaneio dos que pretendiam queimar etapas em prol do advento imediato do comunismo, mas também a incipiência da infraestrutura de planejamento econômico da China de então, além da incompetência de seus funcionários. As metas tiveram de ser reestudadas e fixadas outras, mais modestas e realistas, para os anos subsequentes, os quais conheceram colheitas consideradas medíocres. Era o período do "grande salto adiante", que resultou num fracasso retumbante, não somente na agricultura, mas também na indústria, onde se pretendia, com um fogão e três panelas, espalhados pelos bairros, escolas secundárias ou qualquer biboca, alcançar, em apenas quinze anos, a então expressiva produção siderúrgica da Grã-Bretanha.

Foi um desperdício monumental de matérias-primas, insumos e outros recursos materiais e humanos de toda sorte.

O ano de 1958 inaugurou na China um decênio de idas e vindas, de graves desacertos e retificações, que se estenderiam até 1966. Foi a antessala da "grande Revolução Cultural proletária".

Fazendo uma análise dos erros cometidos então (1958), a liderança chinesa vem dizer, em recente sessão plenária do Comitê Central do PC, que "por falta de experiência na construção socialista", por uma compreensão deficiente das leis do desenvolvimento econômico e das condições básicas da economia chinesa e, sobretudo porque o camarada Mao Zedong e não poucos dirigentes centrais e locais, orgulhosos e autossuficientes com as vitórias anteriormente obtidas e desejosos de colher êxitos rápidos, exageraram o quanto puderam a vontade e os esforços subjetivos, empreenderam irresponsavelmente a execução da "linha geral", do "grande salto adiante" e a criação das comunas populares rurais, sem terem feito previamente profundos estudos e investigações, nem as indispensáveis experimentações em lugares específicos. Uma sofreguidão ainda maior que aquela que havia presidido a implantação acelerada das cooperativas.

Foi assim que se abriram as comportas aos erros de "esquerda", consistentes principalmente em fixar metas inacessíveis, ditar ordens às cegas, fomentar o hábito de jactar-se por qualquer coisa e soprar o vento da coletivização.

Reajustes

Morto Mao Zedong, passada a "Revolução Cultural", alguns reajustes foram introduzidos no regime das comunas nos últimos três anos:

1. a superfície a ser cultivada por cada equipe de trabalho deve ser fixada de acordo com as condições locais (e não mais por decisão central, como vinha acontecendo

no período da "Revolução Cultural"). Nas comunas onde a unidade contábil básica, devido à influência "esquerdista" do período da "Revolução Cultural", tenha passado do nível de equipe ao de brigada,[5] é necessário, caso os camponeses não estejam satisfeitos com a distribuição daí decorrente, retroceder ao nível de equipe;

2. ao contrário do que era norma nos últimos planos econômicos, as quotas de produção agrícola fixadas para as equipes de trabalho passaram a ser mais flexíveis, levando-se em conta para isso as condições naturais, o nível de vida dos camponeses das diferentes localidades. Como a produção coletiva está intimamente ligada aos interesses materiais, individuais, dos comuneiros, as equipes muito numerosas (de mais de 30 famílias) ou aquelas cujos membros estejam muito dispersos podem criar grupos de trabalho responsáveis por tarefas específicas (não estatais, nem coletivas) e também organizar grupos sazonais, com responsabilidade definida. Parte destes grupos pode especializar-se em ocupações que

---

5 A elevação do nível da unidade contábil básica foi uma das principais consequências maléficas da adoção, indiscriminadamente, da Brigada de Produção Da Zhat CIDO, modelo nacional para toda a agricultura chinesa. A campanha nesse sentido, efetuada durante a "Revolução Cultural", acabou prejudicando e desestimulando sobretudo as equipes de trabalho de maior produtividade, que se viam obrigadas a repartir o fruto de seus esforços com as equipes de uma mesma brigada menos empenhadas em desenvolver a produtividade. O reajuste que se impôs leva a uma constatação: se considerarmos que a brigada corresponde, em geral, ao que era antes uma cooperativa e que a unidade contábil básica – a equipe – seria como que uma subdivisão da antiga cooperativa, isto significa que, quanto às relações de produção, a produção agrícola chinesa teve que retroceder a um nível inferior ao do período do sistema cooperativista e que a afoiteza "esquerdista" desses anos prejudicou os programas de socialização do campo.

requeiram cuidados especiais, como a criação de aves e animais domésticos, a horticultura, a criação de peixes etc. Nas equipes mais pobres, de população dispersa e produção atrasada, pode-se fixar quotas de produção para cada família em separado;

3. as parcelas de usufruto privado, a criação de aves e outros pequenos animais domésticos, o desenvolvimento da fruticultura, da silvicultura, de forrageiras e outros cultivos em terras devolutas de usufruto privado, o artesanato caseiro e a participação dos camponeses nas "feiras livres" e "mercados do produtor" (que estiveram proibidos novamente, desde o início da "Revolução Cultural") foram restabelecidos. Em 6 de abril de 1981, uma circular do Comitê Central do PC dizia que as parcelas de usufruto privado e as áreas devolutas destinadas à silvicultura, à fruticultura e ao cultivo de forrageiras, também em usufruto privado, podiam chegar a 15% do total de área cultivável de cada equipe. Até então, elas não podiam passar de 7%;
4. as equipes não sofrem mais limitações no cultivo de produtos agrícolas nem nos negócios. E são estimuladas a promover a integração agricultura – pequena indústria – comércio, iniciativa atualmente em grande desenvolvimento;
5. as comunas, brigadas e equipes têm agora respeitado o direito de gestão independente. O Estado não decide mais quais os seus planos de cultivo, passando a fixar somente as quotas a serem por ele adquiridas dos principais produtos, sobretudo cereais, algodão e oleaginosas. Mas esta aquisição pelo Estado passa por uma transformação gradual: em vez de fixar quotas básicas, são assinados contratos de fornecimento com

as entidades estatais encarregadas da comercialização. Assim, além de decidir o que cultivar, as equipes estão encarregadas de escolher as áreas mais indicadas para os diversos cultivos, de decidir o que fazer com a produção excedente e de como distribuir a renda usufruída. Não se permite nenhuma interferência governamental, a qualquer nível, nestes assuntos. Leis específicas estão sendo promulgadas a respeito, possibilitando às entidades coletivas defender seus direitos junto aos tribunais;

6. os preços de compra dos produtos agrícolas pelo Estado estão sendo elevados. Em 1980, o Estado destinou à agricultura um adicional superior a 1,4 bilhão de dólares, ao adquirir os cereais a preços mais elevados e vender a preços mais baixos os produtos destinados ao campo. Com o desenvolvimento da produção e o saneamento da situação financeira, o Estado destinará mais verbas, a fim de continuar elevando os preços de compra dos produtos agrícolas, dando assim novos passos no reajuste entre os preços destes e os preços dos manufaturados.

Segundo informações diretas e indiretas, estas novas medidas bem recebidas pelos camponeses surtem efeito imediato, sendo responsáveis pelo anunciado desenvolvimento "bastante rápido" da produção agrícola dos últimos anos. Entre 1978 e 1979, a produção de cereais registrou um salto de 49 milhões de toneladas –o maior aumento anual, desde a proclamação da República Popular. A produção de algodão, de oleaginosas, plantas açucareiras, casulos de seda e outros cultivos industrializáveis também aumentou. A renda dos camponeses registrou sensível aumento, o que, a par com a venda subsidiária proveniente da comercialização do produto das ocupações privadas, veio contribuir para a anunciada grande elevação de seu nível de vida, em 1980.

Desvios

Nem tudo, porém, caminha na santa paz. Em comentário publicado em 30 de outubro de 1981, o *Diário do Povo*, órgão oficial do Partido e do Governo, destaca a necessidade de se persistir na propriedade coletiva da terra. É que, no processo de adoção do sistema de responsabilidade da produção agrícola com base na família camponesa, verificou-se, em algumas regiões (poucas, segundo o jornal), a tendência de retorno ao trabalho individual em prejuízo do trabalho coletivo de produção. Em alguns lugares, os camponeses empreenderam a produção privada em áreas destinadas à produção coletiva, contrariando a orientação oficial.

Quanto ao desenvolvimento da agricultura e à prosperidade da economia rural, o Partido e o Governo realçaram a necessidade de se persistir no caminho socialista, de seguir o rumo da coletivização. Para atingir este objetivo, a propriedade coletiva dos meios de produção deve ser resolutamente defendida e o princípio de distribuição "a cada um, segundo o seu trabalho" deve ser observado detidamente. As comunas populares e brigadas de produção devem defender a propriedade coletiva dos meios de produção, principalmente as terras de propriedade coletiva. Atos ilegais, como empreender a produção privada, construir casas, fornos de tijolos e sepulturas em terras coletivas devem ser terminantemente proibidos. Também está proibida a venda ou aluguel de terras destinadas individualmente a camponeses, através de contratos.

A fixação das quotas de produção com base na família camponesa é uma das diversas formas do sistema de responsabilidade da produção agrícola e também um método de descentralização da administração sob propriedade coletiva. O camponês tem direito somente ao usufruto dessas terras; não pode assumir a propriedade destas. Ele tem o dever de proteger as terras utilizadas e demais bens pertencentes à coletividade.

REFORMA AGRÁRIA NA NOVA CHINA[1]

TSUI SIT JADE
LAU KIN CHI
WEN TIEJUN
YAN XIAOHUI

No final do século XIX, intelectuais chineses e políticos adotaram modelos promovendo a modernização e a industrialização à custa dos camponeses, os quais, entretanto, constituem a maioria da população do país. Até mesmo na Nova China pós-1949, as questões agrárias tridimensionais dos camponeses, vilarejos e agricultura apresentam um grande desafio para a construção de uma sociedade mais igualitária. Se a "China rural" ou o governo rural baseado em pequenos agricultores e comunidades de vilarejos fossem mantidos através do cultivo de relações interdependentes e cooperativas dentro das comunidades e entre comunidades vizinhas, não somente os meios de vida da maioria da população seriam protegidos, como também haveria proteção contra crises externas decorrentes do capitalismo global. Os experimentos do governo atual em reconstruir o socialismo nas áreas rurais podem contribuir

---

1 Redigido em 2017, este texto inscreve-se num marco mais extensivo, que vai dos antecedentes da revolução de 1949 à última década. As autoras discorrem objetivamente sobre a formação do campesi-nato e as experiências de comunidades lá chamadas de "comunas" (na tradução do mandarim para o português), o desenvolvimento industrial, as relações agricultura/indústria e campo/cidade, as formas de propriedade da terra e, por fim, realizam um balanço das principais lições da experiência chinesa de reforma agrária. (N.O)

para a sustentabilidade do campesinato e das comunidades de vilarejos.

O campesinato e as comunas rurais históricas

Os pequenos agricultores têm sido uma figura-chave na sociedade chinesa por pelo menos dois mil anos. Durante a dinastia Qing (1644-1912) era obrigatório, pelo Estado Imperial, que a propriedade da família fosse dividida igualmente entre os herdeiros homens (Liang, 2008). O resultado foi a criação e proliferação de uma classe de pequenos agricultores ou pequenos proprietários de terras. O governo comunitário, em contrapartida, era baseado no campesinato e nas comunidades de vilarejos. Uma comunidade de vilarejos contém três camadas de relações: parentesco (sangue), vizinhança (localidade) e afinidade entre os agricultores (comunidade).

Comunidades rurais baseadas em grupos sociais surgiram pela primeira vez quando os membros de uma tribo irrigaram suas terras de maneira coletiva ao longo do Rio Amarelo e do Rio Yangtze. A dinastia Xia (2070-1600 a.C.), que emergiu há mais de 4 mil anos como a primeira dinastia na China, foi o resultado do sucesso de Xia Yu em desenvolver um sistema de irrigação para prevenir enchentes do Rio Amarelo. Em tempos ancestrais em países como a China e a Índia, a agricultura de irrigação intensiva era o modo primário de subsistência. Esse modo de produção dependia de pequenos grupos sociais como clãs ou vilarejos, como unidades básicas da sociedade (Wen, 2001).

Núcleos de pequenos agricultores não conseguem individualmente resolver problemas como enchentes, secas ou outras crises externas. Para a sobrevivência desses grupos fez-se necessário que um conjunto de vilarejos, especialmente aqueles situados ao longo dos principais rios como o Amarelo e o Yangtze, trabalhasse junto na administração de assuntos públicos, além de lidar com ameaças externas. Existia a necessidade de trabalho cooperativo, de mobilização em massa de famílias camponesas e comunidades de vilarejos e de proteção da propriedade comum (Wen, 2001).

Ao longo dos séculos, a China sofreu sua parcela de escassez induzida por períodos de seca e inundações. Mas se não fosse por quatro mil anos de história de agricultura irrigada, com sua inerente "racionalidade de vilarejo baseada no conhecimento tradicional indígena que internaliza riscos através de uma cultura rural multifuncional de autossuficiência sustentável, a China seria uma terra de fome perpétua". Seu setor de agricultura tradicional multifuncional, originalmente mantido pelas famílias de agricultores do vilarejo, era capaz de desenvolver e aplicar sistemas essenciais de sustentabilidade ecológica (King, 1911). Atualmente sua importância tem sido gradualmente reconhecida, não pela educação moderna ou instituições convencionais, mas graças aos impactos adversos do aquecimento global nas colheitas agrícolas e devido à preocupação com a segurança alimentar (Wen *et al.*, 2012).

Industrialização

"O problema da China é o problema do campesinato. O problema dos camponeses é que não há terra". Este foi um ditado do século XX usado tanto pelo Partido Nacionalista Chinês (Kuomintang) quanto pelo Partido Comunista Chinês para mobilizar o campesinato. O PC prevaleceu finalmente na guerra da "Revolução Agrária". O problema da China é a tensão criada por uma sociedade agrária, caracterizada pela superpopulação e pela limitação de recursos se comprometendo em um processo de acumulação de capital para a industrialização do Estado. O desenvolvimento econômico da China no século

XX pode ser visto em termos de quatro tentativas sucessivas de industrializar um Estado camponês.

O principal conflito que levou ao colapso da economia camponesa na história moderna da China foi aquele entre camponeses e proprietários de terras, os quais também eram agiotas, comerciantes e industriais. O capital industrial e comercial acumulado através da circulação de bens intensificou a exploração dos camponeses, o que se tornou muito mais severo do que a exploração da terra; e o lucro proveniente de agiotagem era ainda maior que o lucro do capital industrial e comercial. Esse conflito reflete no fato de que o problema essencial que ainda precisa ser abordado é o modelo de desenvolvimento deste país agrário. Em outras palavras, a questão central são os meios de extração e acumulação de capital no processo de urbanização e industrialização de uma economia agrícola altamente dispersa e de baixo excedente.

O projeto histórico chave da China há 150 anos tem sido a modernização e a industrialização. Desde a última dinastia Qing, mesmo com a invasão imperialista e a contínua tensão geopolítica na região, a China causou um impacto significante na história mundial. Sob pressão geopolítica por mais de um século, o país conseguiu alcançar quatro rodadas de acumulação de capital para industrialização, ainda que a um custo alto. A primeira rodada foi o Movimento de Autofortalecimento, que se originou nos anos 1860. Sob a tutela de um crescente poder militar local, esse movimento foi acompanhado pela emergência de modernas indústrias têxteis e de alimentos. Foi interrompido pela Rebelião de Boxer e a subsequente invasão pela Aliança das Oito Nações, em 1900.

A segunda rodada foi a campanha de industrialização nacionalista que seguiu à reunificação nacional nos anos 1920/1930. Foi interrompida pela crise capitalista global dos anos 1930, com a drenagem de reservas de prata entre 1934-1936, hiperinflação e Segunda Guerra Mundial.

A terceira rodada foi a acumulação de capital para a industrialização nos anos 1950, seguida de um longo período de desordem. Nos anos 1970, a China retomou relações diplomáticas com o Ocidente, reconstruiu sua estratégia geopolítica global e introduziu investimentos ocidentais unilateralmente de forma massiva. Sérias crises fiscais ocorreram quase que imediatamente e esta rodada de acumulação de capital foi interrompida pela transição de poder dentro do partido dominante.

A quarta rodada se deu na década de 1980. Sob o *slogan* de "reforma" e de "políticas de portas abertas", a acumulação de capital para industrialização local foi retomada seguida pela formação de um capital industrial e de sua rápida expansão estrutural. Desde meados da década de 1990, principalmente após sua ascensão à Organização Mundial do Comércio (OMC), a China tem enfrentado crescentes pressões do excedente de capital financeiro global.

Apesar de mudanças no regime, a China passou por essas quatro rodadas de acumulação de capital, embora tenha pago altos custos sociais em cada rodada. No entanto, a nação finalmente se industrializou e é a única economia em desenvolvimento, com uma população de mais de 1,3 bilhão que pode pleitear um desenvolvimento desse nível.

Relação terra/população e a estrutura dual urbano-rural

A China possui quase 20% da população mundial, mas somente 9% de terras aráveis e meros 6% de água doce. Em termos de imperativos de desenvolvimento rural, existem duas teses básicas no estudo de economia rural. A primeira são as limitações que qualquer inovação enfrenta no sistema agrário pressionado por uma alta densidade populacional. A segunda é a de restrições no que se refere ao sistema de distribuição de excedente agrícola de acordo com a estrutura dual urbano-rural.

A separação de direitos de propriedade de terras e de uso delas é um sistema derivado de uma lógica estrutural interna de uma sociedade rural: por um lado o aumento da população, o qual gerou tensões no que diz respeito à relação entre terra/população, evitou que a posse da terra ficasse concentrada nas mãos de poucos, mas, contudo, por causa dos altos custos, os direitos de uso da terra foram limitados aos agricultores ricos e aos de média-escala, que tiveram a capacidade de administrar a produção agrícola. Esses sistemas de direitos de propriedade mantiveram uma distribuição equilibrada dos recursos agrários e da mão de obra rural que por séculos sustentou uma estrutura social extremamente estável.

Analisando cinco mil anos de civilização agrícola chinesa, podemos observar que a tradição da economia campesina e as tensões na relação entre terra/população se complementaram. Sob essas restrições da "China rural", grandes eventos históricos tiveram como causa mais a ação humana do que desastres naturais. Frequentemente o problema foi que os ricos e poderosos ocuparam terra através da força, dando peso à teoria de Confúcio, filósofo chinês, de que "o grande mal não é a escassez, mas a distribuição desigual". De maneira alternativa, foi devido à construção excessiva de infraestrutura, às rivalidades contínuas e à taxação pesada que se deu o aumento da instabilidade social. Quando somadas a um desastre natural ou a uma invasão estrangeira, crises sociais inevitavelmente levaram a algum tipo de reforma ou até mesmo à mudança de dinastia. A primeira política nacional da nova dinastia era geralmente de redistribuição de terras e um afrouxamento de impostos.

Os assim chamados picos da civilização chinesa – a dinastia Han (25-220) e Tang (618-907) – foram possíveis graças ao fato de que essas dinastias aumentaram a produção agrícola através da expansão de seus territórios. A instabilidade política da dinastia Song (960-1279) e da dinastia Ming (1368-1644) tiveram a ver ambas com os desequilíbrios entre a relação entre terra e recursos agrícolas de um lado, e com a população, de outro. Um exemplo óbvio foi a invasão dos mongóis na China. Embora a tirania mongólica tenha sido uma imposição externa que implantou políticas extremamente brutais, o império Yuan (1271-1368) ainda durou 97 anos. Isso estava conectado ao seu tamanho territorial sem precedentes, o qual aliviou as tensões referentes à relação entre terra/população. A situação durante a dinastia Qing (1644-1912) foi semelhante à do império Yuan. Os manchus, uma minoria étnica, devem seu sucesso em governar o vasto país por aproximadamente 280 anos à sua habilidade em adaptar a cultura das regiões do interior da China ao seu próprio sistema de governo. Entretanto, de forma mais significativa, o vasto território dominado pela dinastia Qing possibilitou uma realocação de terra e recursos naturais e reduziu as tensões derivadas da densidade populacional. Somada à redução de taxas, o ajuste da relação entre terra/população levou a mais de 200 anos de estabilidade política e social.

Durante o período entre o final da era Qing e o da República da China (1912-1949), o país foi invadido por forças estrangeiras e logo infestado por comandantes. Com um aumento rápido na população, a relação entre os recursos disponíveis para as pessoas diminuiu dramaticamente, o que resultou em uma polarização entre ricos e pobres. Entretanto, comunidades rurais em vilarejos tradicionais ainda puderam se manter de forma autossustentável devido à estabilização do sistema de direitos de propriedade, o qual se caracterizava pela posse dual, isto é, a separação de direitos entre posse da terra e uso da terra. Começando em meados do século XIX, a Rebelião de Taiping

(1850-1864), as Guerras Sino-Japonesas (1894, 1937) e as três Guerras Civis (1924-1927, 1927-1937, e 1945-1949) reduziram a população chinesa entre 20% e 30%. Essas mudanças alteraram a relação entre terra/população até certo nível. Não obstante, o contexto não permitiu um reajuste nacional dessa relação, o que levou a diferenças regionais significativas na produção agrícola. No sul do país, camponeses arrendatários de terras superaram em número os camponeses proprietários de terras, enquanto que o oposto era válido para o norte. Essa discrepância explica o porquê das revoltas camponesas se tornarem tão difundidas no norte da China.

Após chegar ao poder em 1949, Mao Zedong levou a cabo reformas agrárias que redistribuíram terra aos camponeses. A última política de Deng Xiaoping de garantir contratos de 15 anos para direitos de uso da terra também acarretou a redistribuição de terras. A terceira geração de líderes do PC seguiu a mesma política prometendo que a natureza dos contratos de direitos de uso da terra não seria alterada nos próximos 30 anos. Contudo, dada a pressão populacional em relação à terra, essas três ondas sucessivas de reformas, todas elas visando distribuir a terra de forma igualitária, só puderam ser implementadas através da divisão das propriedades ao longo das fronteiras naturais dos vilarejos.

Devido às pressões populacionais extremas, a terra arável na China como um recurso necessário à manutenção dos meios de vida, diferente de um recurso necessário à produção, só pode ser distribuída entre as populações dos vilarejos. Durante a década de 1980, transações de terras foram promovidas, mas somente poucos camponeses transferiram seus direitos de uso da terra para outros. Isso prova que um sistema de propriedade de terras desse tipo, o qual careceu de restrições estruturais internas, não é compatível com uma economia de mercado. A noção de eficiência, uma meta importante em economia agrícola, não pode ser um princípio para guiar a reforma agrária no contexto atual da China rural, a menos que haja uma mudança radical na relação entre terra/população. Devido à escassez de recursos, ao longo de sua história, a China nunca teve um problema puramente de economia agrícola; o real problema rural sempre teve três dimensões: a) população rural; b) sociedade rural; c) produção rural.

Sob o quadro de teorias de direitos de propriedade em economia institucional, a reestruturação dos direitos de propriedade da terra – uma manifestação da ideia de igualdade – foi resultado de transformações no sistema político, seja através de revolução, seja de reforma governamental. Como a formação desse conceito único de direito de propriedade é dependente mais da convergência de forças políticas do que de forças de mercado, a noção de propriedade privada nunca existiu na China. Isso se reflete no antigo conceito de que "Toda terra abaixo do céu pertence ao rei e todos os oficiais na terra são serviçais do rei". Dadas as restrições estruturais da China, seja através de uma revolução armada, seja de uma reforma pacífica, o resultado só pode ser uma distribuição igualitária da terra. Isso pode ser visto como uma estrutura estabilizadora no núcleo da sociedade chinesa.

A questão do direito de propriedade na reforma agrária

As reformas agrárias que foram lançadas para redistribuir a propriedade da terra de acordo com o tamanho das famílias camponesas (incluindo os proprietários de terras e os agricultores ricos) foram resultado direto da Terceira Guerra Revolucionária (1945-1949), também conhecida como a Guerra de Libertação.[2]

---

2 É preciso contextualizar que a invasão do imperialismo japonês à China, iniciada em 1931, possuía, dentre seus objetivos, saquear as propriedades agrícolas

Na prática, a reforma foi uma privatização geral das fazendas (exceto o direito de arrendar a terra), incluindo as fazendas em vilarejos tradicionais que eram originalmente de propriedade pública.

Mais tarde, o estabelecimento de grupos de ajuda mútua interdependentes assegurou que o direito à terra dos camponeses continuaria inalterado; cooperativas de base, as quais foram implantadas nos anos 1950, baseadas em vilarejos pré-existentes, também possibilitaram que os camponeses mantivessem a terra como propriedade privada. No entanto, quando as cooperativas mais avançadas e as comunas populares foram criadas em 1957 e 1958, respectivamente, os limites naturais dos vilarejos tradicionais (clãs) foram dissolvidos e os camponeses perderam seu direito à terra. Na ocasião, toda propriedade privada foi nacionalizada. Contudo, de 1957 a 1962, um curto intervalo de cinco anos, uma crise alimentar se alastrou pelo país inteiro, pressionando o governo a reajustar suas políticas agrícolas. Unidades de produção da população das comunas e brigadas foram reorganizadas em "equipes de produção" e os vilarejos tradicionais outra vez se tornaram a base da produção e da propriedade da terra.

---

dos camponeses, corroer a indústria chinesa e constituir uma base territorial mais favorável à inserção do Japão na disputa mundial. Pós-1937, os comunistas chineses admitem a necessidade de constituição de uma Frente Única com o Partido Nacionalista (Kuomintang) para derrotar o Japão. O PC passa a estimular, então, um programa unitário de libertação nacional. Na pauta, a defesa das propriedades camponesas. No entanto, os setores da burguesia presentes no Partido Nacionalista não deram consequência prática à Frente Única. Com isso, a base social que possibilitaria a libertação nacional, como as massas camponesas e expressivos setores da pequena burguesia, foi crescentemente atraída pelo Partido Comunista. Este é um fato decisivo nas tensões na China entre 1946 e 1949 e que possibilitou, portanto, o triunfo dos comunistas em 1949. (N. O.)

A propriedade pública foi instituída somente durante o curto período das cooperativas avançadas e das comunas do povo, quando a coletivização rural foi promovida através da compra de produtos industriais como tratores, caminhões, colheitadeiras combinadas e outros maquinários agrícolas. Isso significou que para o sucesso da industrialização sob o I Plano Quinquenal do PC, o governo teve que intervir para dar lugar a grandes organizações rurais a fim de gerar uma demanda para os produtos criados nas cidades.

Ao mesmo tempo, reajustes na década de 1960 deram espaço para o desenvolvimento da propriedade privada, de um livre comércio e de um sistema de contratos, o que resultou no fato de que os camponeses puderam manter uma pequena porção da terra para a agricultura de subsistência. No final da década de 1970, o governo finalmente devolveu a propriedade da maior parte da terra aos camponeses. Atualmente, as cooperativas administradas pelos vilarejos, baseadas em um sistema de "estrutura dual de direito de propriedade", são comuns em muitas partes do país. Essa "estrutura dual de direito de propriedade" permite que os membros do vilarejo tenham direitos de associados em relação aos recursos do vilarejo na categoria de investidores. Isso é diferente da propriedade privada no Ocidente; a ideia central desse sistema é proteger o direito à terra dos camponeses através de contratos, ao mesmo tempo que os membros do vilarejo possuem participação nas terras de uso coletivo.

Entretanto, devido à pressão dominante da comercialização e privatização, ocorreram mudanças nas leis nacionais relacionadas às questões da terra. Em 2003, a China adotou a Lei de Contratação de Terras Rurais para proteger os direitos dos camponeses de contrato e operações referentes às terras de uso coletivo, alocadas aos núcleos familiares, e para abrir as portas ao mercado no meio rural, possibilitando arrendamentos, trocas e transferência de direito de uso da terra sob posse coletiva sem alterar o *status* original das áreas rurais (Zhao *et al.*, 2014).

Em 2013, o Comitê Central do PC de Decisões de Assuntos Principais relacionadas ao Amplo Aprofundamento da Reforma permitiu a transferência, arrendamento e compra de ações em terras de construção coletivas rurais, pavimentando o caminho para uma unificação dos padrões referentes à administração de terras urbanas e rurais sob a premissa de controle de planejamento do uso da terra. Isso também possibilitou que os contratos individuais de terras rurais fossem transferidos e até mesmo usados como garantia, tornando possível a obtenção de empréstimos bancários pelos agricultores (Sarah & Chen, 2008; Zhao, 2011).

Em 31 de outubro de 2016, o Comitê Central do PC e o Conselho de Estado divulgaram Opiniões de Aprimoramento de Métodos para Divisão em Propriedade, Direitos de Contratação e Direitos de Administração em Áreas Rurais (People's Daily, 2016). Esse fato abre caminho para a concentração de terras e comercialização de produtos agrícolas. De acordo com Han Changfu, Ministro da Agricultura, até junho de 2016, cerca de 30% dos 230 milhões de núcleos familiares rurais no país, isto é, quase 70 milhões de núcleos familiares rurais, transferiram terras. O tamanho total das áreas é de 46 milhões de mu (15 mu = 1 hectare), mais de 30% do total sendo representado por terras sob contrato de camponeses. Particularmente, nas áreas costeiras orientais, a relação está acima dos 50%. Atualmente, os agentes que trabalham nas áreas acima de 50 mu excedem os 3,5 milhões de núcleos familiares rurais, incluindo as propriedades de agricultores familiares, cooperativas de produtores e *agrobusiness* (*The State Council Information Office*, 2016 – Escritório de Informação do Conselho de Estado).

Estratégia da Reforma Agrária

O *slogan* de "terra para os lavradores" constituiu-se como a ferramenta mais eficaz para mobilizar as massas camponesas a apoiar o PC. Porém, a maneira com a qual o PC lidou com os agricultores ricos e proprietários de terras dependeu de necessidades específicas e considerações estratégicas.

Durante o período entre 1927-1934, o PC seguiu a ordem da Internacional Comunista de dar início a mais de 900 insurreições armadas, adotando a política de assassinatos e pilhagens. Todas falharam, exceto algumas fortalezas incluindo as ocupações de Mao nas províncias de Jiangxi e Fujian. Mao então aprendeu lições das experiências de Jinggangshan. Após o Kuomintang se voltar contra o Partido Comunista durante o Massacre de Shanghai de 1927, os comunistas ou se tornaram clandestinos ou fugiram para o interior. Em Jinggangshan, localizado na fronteira entre as províncias de Hunan e Jiangxi, Mao inaugurou sua primeira comuna camponesa. No período entre 1927-1928, as tropas de Mao e Zhu De e os parentes dos soldados, como as mulheres, os idosos e as crianças, em um número total de quase 10 mil pessoas, ficaram presos em pobres áreas montanhosas. No inverno de 1928-1929, a organização moveu-se para Ruijin, província de Jiangxi, onde a comuna Jiangxi foi inaugurada. O precursor do Exército de Liberação Popular foi formado; o PC começou a organizar o campesinato como sua massa de base; deu-se início à reforma agrária. Naquele tempo, a comida era o maior problema para sobrevivência. Logo no início, o PC praticou uma política radical como combate aos proprietários de terras, agricultores ricos e pequenos homens de negócios, assim como confiscos e pilhagens. Isso gerou medo e pânico na sociedade rural, a qual foi severamente destruída e até mesmo colapsou. Uma rápida estratégia de grilagem de terras e alimentos não era sustentável. Depois disso, Mao visou adotar uma política de longo prazo de desenvolvimento econômico com o objetivo de estabelecer um equilíbrio de poder e interesse entre as diferentes classes. Isso significou que, em vez de tomar as terras dos proprietários e redistribuí-las aos camponeses, em algumas áreas, o PC exigiu renda ou impostos dos proprietários. Todas essas políticas ajudaram a assegurar a estabilidade dos recursos e, em seguida, o fortalecimento de seus bastiões (Ruijin Red Cultural Training, 2017).

Durante a guerra civil de 1945-1949, o PC adotou uma reforma agrária radical no intuito de mobilizar o campesinato a combater o Kuomintang. Em 1947, o PC aprovou a Lei Geral de Terras da China, a qual enfatizou a redistribuição igualitária da terra. Artigos com os seguintes objetivos foram ressaltados nesta lei:

- abolir o sistema de propriedade baseado em exploração feudal ou semifeudal que impunha mecanismos de exploração do trabalho camponês sob diversas formas: renda por dias de trabalho, renda da terra e renda de produtos, e realizar um sistema de "terra para os lavradores", sem mais nenhuma obrigação;
- abolir o sistema de propriedade de terras de todos os donos de terras;
- abolir o direito à propriedade da terra de todos os espíritos ancestrais, templos, monastérios, escolas, instituições e organizações;
- cancelar todas as dívidas nas áreas rurais transcorridas antes da reforma (Zhao *et al.*, 2014).

Ainda que esse Ato tenha sido endossado, a implementação da Reforma Agrária pelo PC não foi unânime em todas as regiões. Em 1948, Mao nomeou abertamente de "a elite iluminada", referindo-se aos proprietários de terras e agricultores ricos com tendências democráticas como "patriotas". Ele expressou:

> Nós não podemos abandonar a elite iluminada que cooperou conosco no passado e continua cooperando conosco no presente, a qual aprova a luta contra os Estados Unidos e Jiand Jieshi e também a reforma agrária. Tome como exemplo pessoas como Liu Shaobai da região de fronteira Shanxi Suiyuan e Li Dingming da região de fronteira Shanxi Gansu Ningxia. (Mao, 1948)[3]

Mao convidou à união com a elite iluminada no país, a qual incluía centenas de milhares de pessoas.

O papel da China rural como estabilizador social

Na história contemporânea dos movimentos nacionais de independência e resistência civil, a experiência da China é bastante excepcional. É raro encontrar um país que tenha atingido um grau tão elevado de soberania através da mobilização de seu campesinato, que inclui a maioria da população, por meio de uma guerra revolucionária. Um novo governo constituído pelo povo através de uma revolução foi legitimado para derrubar o antigo regime e destituir suas instituições e as leis que eram a favor de uma aliança com os burocratas-capitalistas e o capital estrangeiro. Os ganhos institucionais de uma transição institucional compulsória, alcançados por meio de incontáveis sacrifícios feitos pelos camponeses, podem ser vistos como um "bônus" da revolução. Isso beneficiou a maioria da população e das futuras gerações sem compensar os proprietários de terras originais ou a aristocracia rural.

Após o sucesso da revolução de 1949, a China lançou um processo de reforma agrária pelo qual 85% dos camponeses foram beneficiados. Todos os núcleos familiares receberam um pequeno espaço de terra arável, ainda que a área de terra

---

3 Liu Shaobai foi eleito vice-presidente do Conselho Provisório da região de fronteira Shanxi Suiyuan, em 1942, enquanto Li Tingming foi eleito vice-presidente do governo da região de fronteira Shanxi Gansu Ningxia, em 1941.

cultivada por pessoa fosse de aproximadamente 0,2 ha. Na realidade, a maioria da população possuía uma pequena propriedade. Essa pequena área de terra arável se tornou a última rede de segurança social para os camponeses.

Tabela 1 – Posse da terra por classe social na China antes da Revolução Agrária[4]

	Núcleo familiar (em milhões)		População (em milhões)		Fazendas			
	Total	%	Total	%	Total (milhões de ha)	%	Média por núcleo familiar (em ha)	Média por pessoa (em ha)
Total	105.54	100	460.59	100	100.1	100	0.9	0.2
Pobres	60.62	57,44	241.23	52,37	14.3	14,28	3.5	0.05
Classe média	30.81	29,20	152.60	33,13	31.0	30,94	1.0	0.2
Ricos	3.25	3,08	21.44	4,66	13.7	13,66	4.2	0.63
Latifundiários (aristocracia)	4.00	3,79	21.88	4,75	38.3	38,26	9.6	1.75
Outros	6.86	6,49	23.44	5,09	2.8	2,86	0.4	0.12

Elaboração dos autores.

Ao final da revolução agrária, os agricultores ricos somando 5,3% da população obtiveram 6,4% das fazendas, com uma média de 0,25 ha por pessoa; agricultores médios somando 39,9% da população obtiveram 44,3% das fazendas, com uma média de 0,24 ha por pessoa; agricultores pobres somando 52,2% da população obtiveram 47,1% das fazendas, com uma média de 0,19 ha por pessoa, proprietários de terra somando

4 Os valores para núcleos familiares, população, área das fazendas são baseados em informações do Censo Anual de Produção Agrícola de 1950. Os valores por classe são baseados em estimativas usando a distribuição de classe em várias regiões antes da revolução agrária (Huang Daoxia, 1992).

2,6% da população obtiveram 2,2% das fazendas, com uma média de 0,16 ha por pessoa (Bo, 1993).

Como consequência desse movimento, a China lançou um processo de 60 anos de industrialização, propondo que, a partir do momento em que o país se deparasse com uma crise durante seu período de acumulação de capital para a industrialização do setor urbano, o governo adotaria medidas públicas de distribuição de terra de forma igualitária entre os camponeses, garantindo dessa forma seus meios de vida básicos.

A China Rural atua como um estabilizador social, com suas fundações baseadas nos ganhos da reforma agrária. Por exemplo, no início do novo regime, em 1949, a China falhou em conseguir qualquer ajuda econômica da URSS, mesmo ela tendo adotado uma estratégia diplomática pró-soviética unilateral. Diferentemente de muitos países em desenvolvimento, no entanto, ela ganhou uma oportunidade preciosa através da Guerra da Coreia, a qual marcou uma mudança significativa na estrutura geopolítica estratégica que estava sendo formada após a Segunda Guerra Mundial. A China conseguiu criar uma aliança estratégica com a URSS e subsequentemente recebeu uma ajuda no valor de 5,4 bilhões de dólares (incluindo gastos militares durante a Guerra da Coreia) no período entre 1950-1959 na forma de facilidades industriais e transferência de tecnologia (Wen *et al.*, 2013).

Com o forte empurrão de um investimento externo acompanhando a Guerra da Coreia, após 1950, a China logo saiu de seu colapso econômico e deu início a um rápido processo de industrialização. Contudo, quando a URSS retirou da China seus investimentos e sua ajuda tecnológica, em 1960, isso levou o país a uma crise do capital industrial urbano. Nos anos 1960, devido à falta de qualquer ajuda de investimentos externos, a China se viu forçada a contar somente com seus próprios recursos em um nível sem precedentes, sob um governo altamente centralizado. Nos vilarejos, ela implantou um sistema simbiótico de comunas populares e monopólio estatal em relação à compra e venda da produção agrícola, enquanto que nas cidades ela estabeleceu um sistema de alocação planejada e instituições burocráticas. Através do controle de todo excedente produzido tanto através da força de trabalho rural quanto urbana, o governo central redistribuiu os recursos para uma expansão da produção baseada na indústria pesada (Wen *et al.*, 2013).

Com as comunas populares, houve uma política de coletivização do uso da terra nos vilarejos. Entretanto, em 1961, o governo central propôs a Regulamentação das Comunas Populares, sob a qual os agricultores tinham direito a produzir em terras aráveis para sua subsistência e abrir pequenos negócios para comercialização. Numa política conhecida como *sanzi yibao* (literalmente significando três tipos de práticas individuais e um tipo de prática familiar), os agricultores estavam autorizados a ter pedaços de áreas cultiváveis para uso privado, algum grau de liberdade de comercialização, alguns negócios com responsabilidade total em relação a lucros e perdas. Por outro lado, foram fixadas quotas para a produção de cada fazenda.

No final das décadas de 1960/1970, a China importou uma grande quantidade de maquinário e equipamentos com valor estimado em 4,24 bilhões de dólares (Wen *et al.*, 2013), usando pagamentos a prazo e reservas de divisas estrangeiras. No entanto, ela enfrentou o mesmo problema ocorrido na década de 1950 quando houve a "abertura" para a URSS: uma falta de capacidade para investimentos em expansão da produção. De 1974 em diante, o déficit fiscal excedeu 1,4 bilhão de dólares, numa época em que as receitas fiscais eram menores que 11,3 bilhões de dólares (Wen *et al.*, 2013).

Confrontado com uma crise fiscal severa, o governo mobilizou o excedente de trabalhadores urbanos para as áreas rurais, no que ficou conhecido como movimento "A caminho do interior", como um meio de transferir alguns dos enormes custos da crise urbana para o setor rural. Em 1981, a crise da dívida externa foi resolvida através da introdução de um Sistema de Responsabilidade Familiar (SRF), com a distribuição igualitária das terras aráveis para os agricultores, e as comunas populares foram por fim dissolvidas. Quando a crise financeira irrompeu em 1997, o governo lançou mão de medidas semelhantes para amenizar a situação, autorizando as famílias de agricultores a ter garantido seu direito à posse da terra por mais 30 anos. Após a revolução agrária na China, a estrutura dual urbano-rural foi moldada durante o período de industrialização. Nessa estrutura, o setor urbano constitui o reservatório de capital, ao mesmo tempo que o setor rural provê força de trabalho a baixo custo. Essa estrutura dual constitui a base da tão chamada "vantagem comparativa" econômica da China.

Além disso, o país conseguiu escapar da armadilha de desenvolvimento baseada em crises econômicas desnecessárias desde que ela abraçou a globalização 20 anos atrás, devido a dois fatores principais: primeiramente, quase todos os agricultores são donos das suas casas, o que torna a China diferente de outros países em desenvolvimento. A propriedade rural se tornou a propriedade privada de fato, ainda que por lei a posse fique a cargo do coletivo do vilarejo. Mesmo que reformas de mercado radicais desde a década de 1990 tenham levado ao aumento da taxa de pobreza relativa e à polarização entre ricos e pobres, a sociedade rural na China se mantém relativamente estável. Segundo, durante as últimas duas décadas, o conjunto de trabalhadores rurais proveu as cidades com um grande influxo de força de trabalho a baixo custo de seguridade social. Em outras palavras, a estabilidade da sociedade rural gerou trabalhadores rurais com seguridade social básica. Eles ainda podem viver da terra mesmo quando estão desempregados. Contudo, trabalhadores rurais sofreram tratamento injusto nas cidades em termos de acesso inadequado aos benefícios sociais e seguridade social oferecido pelos patrões e pelo governo local, o que deu origem a muitos casos de conflitos entre trabalho e administração.

As três contribuições do campesinato

A China concluiu em grande parte o processo histórico de transição entre a acumulação de capital e a formação de uma indústria urbana de alto risco – ainda que a um custo extremamente pesado para a sociedade rural. Kong e He (2009) discutem que o campesinato contribuiu significativamente à construção da nação nos primeiros 60 anos da República Popular da China, em três aspectos:

1. produção agrícola;
2. mão de obra barata;
3. controle das terras pelo povo chinês.

A *primeira contribuição* foi feita através de um sistema de "tesoura de preços" de produtos agrícolas e não agrícolas. Após a fundação da República Popular, especialmente durante o período de 1953-1956, o governo realizou a compra e venda coletiva de produtos agrícolas. Através do sistema de "tesoura de preços", a receita tributária implícita acumulada escoou excedentes agrícolas para serem usados na acumulação de capital para industrialização.

O conceito de "tesoura de preços" originou-se na União Soviética na década de 1920. Foi introduzido na China durante a década de 1930 e adaptado ao contexto chinês. Acadêmicos do continente geralmente definem o conceito como sendo, na troca de produtos agrícolas e não agrícolas, a situação na qual os preços de produtos industrializados elevam-se e os bens agrícolas são vendidos abaixo do valor competitivo de mercado, criando uma diferença em forma de tesoura no valor de troca. Desde o início da República Popular da China até a década de 1990, a industrialização na China moveu-se gradualmente da dependência do excedente da agricultura para o excedente da produção industrial. Yan Ruizhen, renomado economista agrícola, calculou que nos 46 anos, entre 1952 e 1997, através do sistema de tesoura de preços, os agricultores acumularam e contribuíram para a industrialização da China com um total de 179 bilhões de dólares. Isso soma uma média superior a 500 milhões de dólares por ano. Desde 1993, a contribuição da tesoura de preços do setor agrícola tem diminuído, chegando a 2,3% em 1997, mas o total absoluto ainda atinge o valor de 4,6 bilhões de dólares (Kong & He, 2009, p. 5-13).

A *segunda contribuição* é na forma de mão de obra barata. Após 1978, a velocidade de transferência de excedente de mão de obra rural para as cidades foi intensificado com o número de trabalhadores rurais aumentando de quase 2 milhões em 1983 para quase 130 milhões no final de 2008. O número de migrantes aumentou 65 vezes em 25 anos, com uma taxa de crescimento anual de 18% (Kong & He, 2009, p. 5-13). Atualmente, o número total de trabalhadores rurais migrantes, em 2016, foi de 281,71 milhões, cerca de 1,5% em relação ao de 2015 (*National Bureau of Statistics of China* – Escritório Nacional de Estatísticas da China, 2017).

O tipo de trabalho que está disponível para trabalhadores migrantes é tipicamente baixo na pirâmide de empregos. A maior parte é perigoso, sujo, de mão de obra intensiva, mal pago, e sem perspectivas. As horas de trabalho são também tipicamente mais longas que as outras formas de emprego urbano, tais como na construção e nas fábricas.

A média nacional anual de salário de trabalhadores urbanos em 2007 foi de 3,531 dólares americanos. Usando a média de salário de um trabalhador urbano como referência e levando em consideração a relação de produção entre o trabalhador migrante e de trabalhadores urbanos não agrícolas como sendo de 1:1,45, o salário médio anual de um trabalhador migrante deveria ser de 2.520 dólares. Entretanto, em 2007, o valor era de apenas 1.557 dólares, significando que o trabalhador migrante médio estava perdendo anualmente um montante de 877 dólares. Se considerarmos o número total de trabalhadores migrantes sendo 130 milhões, então, em 2007, em termos de diferença salarial, os trabalhadores migrantes contribuíram com 114 bilhões de dólares para as cidades. Se a taxa de crescimento anual do PIB é calculada em 9,6% durante a era da reforma, em termos de diferença salarial, pode ser considerado que o trabalhador migrante reduziu o custo de desenvolvimento da cidade e do município em 1 bilhão e 200 mil dólares (Kong & He, 2009, p. 5-13). Além disso, no final de 2007, a taxa de inscrição para aposentadoria de trabalhadores migrantes para regimes de pensão por velhice, com respeito aos serviços sociais, foi: seguro, 14,2%; seguro médico, 24,1%; seguro desemprego, 8,8%, e seguro de acidentes, 30,6%. A economia em custos relativos à não inscrição de trabalhadores migrantes para seguros é, portanto, tão alta como 40 bilhões de dólares. Colocando de forma simples, desde a reforma, com uma taxa anual de crescimento do PIB de 9,6%, a mão de obra migrante tem gerado uma economia às cidades e municípios de mais de 432 milhões de dólares. No total, através da diferença salarial e sem seguro obrigatório, a mão de obra migrante fez com que a economia salvasse mais de 1,6 trilhão de dólares (Kong & He, 2009, p. 5-13).

A *terceira contribuição* foi através do controle das terras e cessão para industrialização do país. A contribuição dos agricultores para a industrialização envolveu vastas áreas de terras e recursos naturais. Desde 1949, a China converteu uma extensa área de terras inutilizadas ou desertas em lavouras, mas ao mesmo tempo a industrialização e a urbanização ocuparam grandes áreas de terras aráveis cultivadas por agricultores. Em todo o país, a área de terra arável diminuiu de um total de 100,35 milhões de hectares, em 1950, para 94,97 milhões de hectares em 1995, uma redução de 5,36%. De acordo com estatísticas do Ministério de Terra e Recursos (MTR), entre 1987 e 2001, a área total de terras adquiridas para propósitos não agrícolas chegou a 33,946 milhões de hectares. Foi uma política de Estado, entre 2003 e 2006, que aumentou a área de terras para uso na construção para 6 milhões de *mu* por ano. O governo afirmou que, em 2007, as terras recentemente convertidas para construção somaram 378.000 ha, mas em 2008 esse valor foi menor (em torno de 365.466 ha). Entretanto, de acordo com estatísticas fornecidas pelos oficiais do Conselho de Estado, como Chen Xiwen, diretor deputado do Centro de Desenvolvimento em Pesquisa do Conselho de Estado, nos 40 anos desde 1961 até 2001 o governo adquiriu mais de três milhões de hectares dos agricultores. De 1983 em diante, existem evidências de que a aquisição de terras em áreas rurais chegou a mais de 666 mil hectares por ano (Kong & He, 2009, p. 5-13).

Independentemente de se ela é calculada de acordo com o valor total da produção agrícola ou de acordo com o valor agregado dos benefícios da capitalização final da terra, a compensação paga aos camponeses quando suas terras são compulsoriamente adquiridas sempre foi baixa. Em 2005, a área total compensada foi calculada em 165,584 hectares, e a receita líquida das vendas ou do arrendamento das terras convertidas foi em torno de 83 bilhões de dólares, o qual resulta em uma taxa média de receita para um hectare de meio milhão de dólares. A receita líquida da aquisição de terras era em torno de 30 bilhões de dólares. Dos benefícios do valor agregado gerados pelo uso da terra convertida, 60-70% foi para os governos locais, 15-30% para os coletivos dos vilarejos e menos de 10% para os camponeses (Kong & He, 2009, p. 5-13).

De 1978 a 2001, a taxa de urbanização na China foi acelerada. Fazendo uso do referido modelo de tesoura de preços, o governo acumulou mais de 283 bilhões de dólares em capital para o desenvolvimento urbano. Foi estimado que, desde que a era da reforma começou, o governo tenha adquirido mais de 66 milhões de hectares.

Resultados de pesquisas de campo também demonstram que *em muitas cidades e regiões, a venda e arrendamento de terras contribuem em até 35% com a receita do governo.* De maneira semelhante, em algumas províncias mais desenvolvidas, a compensação por terra adquirida, comparada com a renda governamental gerada através da terra, é de apenas 2,5%, ou no máximo 26,7% (Kong & He, 2009, p. 5-13).

De maneira alternativa, a magnitude da perda de terras do campesinato como contribuição para o processo de industrialização da China pode ser calculada através da análise da estrutura da renda do governo local. De 1987 a 2007, 35% do total da renda do governo pode ser considerado como receitas geradas pela venda e arrendamento de terra. O custo de compensação para o campesinato perfaz apenas 10% das receitas geradas pela terra e, dessa forma, 90% da renda oriunda da conversão da terra é calculada como capital de contribuição gerado a partir da terra do campesinato. Kong & Ke concluem que as três contribuições dos camponeses para a construção da nação chinesa resultam em um total superior a 2 trilhões de dólares.

Capitalização dos recursos da terra

A China Rural tem apoiado o desenvolvimento da economia do país através de uma contínua e sistemática expropriação de terra cultivada pelos camponeses. *Nas áreas rurais, a posse da terra é uma forma de propriedade coletiva.* Doutrinados por uma ideologia neoliberal, no entanto, os intelectuais chineses defendem a privatização da terra, a qual pode facilitar e acelerar a sua comoditização (Qin, 2003, 2013; Cai, 2009). Mas uma questão essencial precisa ser levantada: quem, então, receberá a maior parte dos lucros? Não serão as famílias de pequenos produtores com suas pequenas parcelas de terras, mas muito provavelmente o bloco de interesse imobiliário e as autoridades rentistas.

Desde a reforma de 1978, a China experimentou crises deficitárias intermitentes e as restrições fiscais enfrentadas pelos governos locais têm sido a causa principal da expropriação de terra em grande escala. O governo central respondeu com a descentralização dos impostos e do sistema de receitas, o que levou os governos locais a dependerem de receitas locais. Desde 1984, os governos locais expropriaram fazendas para industrialização no intuito de gerar renda; esse foi o período da "terra para industrialização local". Em 1994, a China foi confrontada com uma crise tripla – uma crise da balança de pagamentos, uma crise de déficit fiscal e uma crise do sistema bancário. Tal período também vivenciou o precipitado abraço à globalização no país. O governo central implantou, então, uma reforma drástica do sistema de receitas e impostos. Antes de 1994, em torno de 70% das receitas fiscais locais foi para os governos locais, mas a partir desse ponto, por volta de 50% foi para o governo central. Para compensar pela queda em sua participação na receita, os governos locais outra vez se apropriaram de terra no intuito de investir em projetos comerciais. Esse foi o período da "terra para fortunas comerciais". Desde

2003, os governos locais aumentaram cada vez mais as hipotecas agrícolas no intuito de conseguir empréstimos de bancos comerciais (Yang & Wen, 2010, p. 32-41).

No final da década de 1990, a urbanização acelerada pelos investimentos de larga escala foi realizada à custa de uma expropriação massiva de terras rurais, o que exacerbou a escassez de recursos provenientes de terras aráveis para a nação que já vinha enfrentando uma escassez *per capita* extrema de terras aráveis. Durante o período entre 1998-2003, a área de terra arável foi reduzida em uma média de 1,1037 milhão de hectares por ano (Jiang *et al.*, 2007, p. 1-9).

Como a terra foi apropriada do setor rural a um custo relativamente baixo, ela foi frequentemente usada de forma ineficiente. Durante o período entre 1998-2002, as áreas urbanas em 660 cidades se expandiram em 5% anualmente, enquanto que a população aumentou em apenas 1,3%. Assim como em 2005, a área *per capita* média ocupada por moradores urbanos foi de 133 m, 33 m a mais que o limite permitido pelo planejamento urbano nacional e muito maior que a média de 82,4 m de muitos países em desenvolvimento (Jiang *et al.*, 2007, p. 1-9).

A capitalização de recursos agrários muitas vezes leva a conflitos de distribuição que acentuam a tensão social. De acordo com o "Censo de Desenvolvimento Urbano da China" pela Academia de Ciências Sociais da China (Cass, 2011), o número de camponeses que perdeu total ou parcialmente terra atualmente está em 40-50 milhões e é esperado que esse número aumente em 2-3 milhões por ano. *A expropriação de terra é impulsionada pelos governos locais e pelo capital especulativo financeiro.* Desde 2000, apenas 20-30% do ganho de capital obtido através de valor agregado à terra foi distribuído em escala municipal e apenas 5-10% foi eventualmente atribuído como compensação aos camponeses. Os governos locais se apropriam de 20-30% do valor agregado, enquanto que os promotores imobiliários se apropriam da maior porção de 40-50%. Em torno de 60% das petições dos camponeses são derivadas de disputas de terras e um terço desses casos é referente à expropriação de terra. Em torno de 60% dos entrevistados está enfrentando dificuldades de condições de vidas, especialmente em relação a questões que dizem respeito a salários futuros, tratamento de saúde e aposentadoria (Cass, 2011).

A Lei de Contratação de Terras Rurais (LCTR), de 2003, afirma que os novos moradores de um vilarejo podem receber terra somente no caso de existir uma reserva extra de terras através de recuperação. A lei essencialmente impede que aqueles nascidos daquele tempo em diante sejam beneficiários da distribuição de terras. Uma vez que a terra arável não é mais distribuída de forma igualitária e os camponeses não mais esperam compartilhar seus benefícios, a capacidade de manejo de riscos de uma comunidade rural é significativamente enfraquecida. Além disso, porque eles estão menos ligados à terra, a geração mais jovem na China rural será radicalmente deslocada da agricultura e da sociedade rural (Wen, 2008, p. 81-97).

De fato, parcialmente devido à expropriação de terra, em 2012 os trabalhadores camponeses migrantes nas cidades chinesas foram estimados em torno de 262 milhões, de acordo com o Escritório Nacional de Estatísticas da China (NBSC, 2012). Diferentemente das gerações passadas de trabalhadores migrantes buscando emprego urbano, a nova geração não se contenta em somente ganhar dinheiro suficiente para manter a reprodução das famílias rurais, levando em conta que eles ainda têm terra para ser cultivada em um estágio posterior. Além disso, seus gastos em educação e tratamento médico, por exemplo, excederam em muito a renda que eles poderiam gerar através da agricultura (Wen, 2008, p. 81-97).

Conclusão

Por pelo menos quatro mil anos, a sociedade chinesa foi caracterizada majoritariamente pela agricultura familiar de pequena escala e pelas comunidades de vilarejos. A estabilidade política, econômica e social depende principalmente da maioria de camponeses tendo acesso aos recursos agrários. *A Revolução Agrária de 1949, sob a liderança do Partido Comunista, restaurou uma prática ancestral de distribuição da terra entre a população rural, assegurando os meios de vida dos agricultores e a estabilidade da sociedade rural. Na China contemporânea, a grande maioria da população ainda desfruta dos benefícios da Revolução Agrária, em termos de acesso dos camponeses aos recursos agrários e estabilidade da sociedade rural.*

No entanto, na história dos 60 anos de modernização e industrialização da Nova China, a sociedade rural está sempre sujeita ao crescimento da nação e à industrialização do Estado através do sistema de tesoura de preços da produção agrícola, mão de obra barata e aquisições de terras, mesmo que uma reforma agrária com distribuição igualitária da terra tenha sido realizada. Durante o período de Mao, os agricultores estavam sujeitos à industrialização do Estado através das Comunas Populares. Após a reforma e a política de abertura das portas, em parte para conseguir renda para compensar o baixo retorno da agricultura, ondas de trabalhadores rurais migraram internamente para as cidades visando à industrialização orientada à exportação.

Além disso, *a China rural atuou como um estabilizador social para a nação.* Sempre que o custo da crise pôde ser transferido para o setor rural, a indústria de capital intensivo logrou atingir uma "aterrissagem suave" e o *status quo* foi mantido. Quando os custos não puderam ser transferidos para o setor rural, no entanto, o setor urbano experimentou uma "aterrisagem dura", acarretando grandes reformas nos sistemas fiscais e até mesmo econômicos. Em outras palavras, a China rural foi forçada a sofrer crises oriundas da modernização, industrialização e urbanização.

Por isso, *graças à contribuição dos camponeses para o sucesso da Revolução de 1949, a reforma agrária foi implantada, e beneficiou não somente o campesinato, mas também ajudou a resgatar o novo regime da crise da inflação urbana e da especulação.* Contudo, a experiência chinesa também mostrou que a reforma agrária foi uma condição necessária, porém insuficiente para se criar uma sociedade justa e igualitária, uma vez que os camponeses na China, como ilustrado neste artigo, continuam em desvantagem em relação ao esforço de modernização do Estado. Isso requer um processo anticapitalista radical para a garantia genuína do bem-estar camponês, do modo de produção agrícola, assim como da integridade da sociedade rural.

Referências

BO, Yibo. "Recollections on certain major strategic and historical events," v. 2, *School of Central, CCP, Press*, p. 1.031, 1993.

BOOK OF SONGS, traduzido e editado por Zhou Zhengfu (2009). Beijing: Chung HwaBook Company.

CAI, J. "Step-by-step reform scheme of land privatization of China", *in*: *On The Land System Reform of China*, editado por CAI, J. e KUANG, M. *China Finance and Economy Press*, p. 151-165, 2009.

CHINESE ACADEMY OF SOCIAL SCIENCES (CASS). "China Urban Development Report of 2011". Beijing: Social Sciences Academic Press (China), 2011.

HINTON, W. "The importance of land reform in the reconstruction of China", *in: Monthly Review*: An Independent Socialist Magazine, July-August, v. 50, p. 147-160, 1998.

HUANG, Daoxia. "Compilation of historical material on cooperatization of agriculture since establishment of China". *History of CCP Press*, p. 1.353, 1992.

JIANG, S.; LIU S., and LI, Q. "Land system reform and national economic growth", *Management World*, n. 9, p. 1-9, 2007.

KING, F. H. "Farmers of forty centuries or permanent agriculture in China, Korea and Japan", 1911. Disponível em http://www.permaculturenews. org/files/farmers_of_forty_centuries.pdf.

KONG, Xiangzhi and HE, A. "The contribution of peasants to nation building in the first 60 years of the People's Republic of China", *Teaching and Research*, n. 9, p. 5-13, 2009.

LIANG, Qichao. *History of chinese culture*. The Collected Works of the Ice Drinker's Studio, n. 86, Zhonghua Book Company, p. 1-100, 2008.

NATIONAL BUREAU OF STATISTICS OF CHINA (NBSC). "2012 National Economic and Social Development Statistics Bulletin", 2012.

_____. "Statistical Communiqué of the People's Republic of China on the 2016 National Economic and Social Development". *National Bureau of Statistics of China*, 2017. Disponível em: <http://www.stats.gov.cn/english/PressRelease/201702/t20170228_1467503.html>.

PEOPLE'S DAILY. "Issue of the opinions on improving the measures for dividing into ownership, contracting right and management right in rural land". *People's Daily*, 2016.

QIN, Hui. "Dividing the big family assets", *in*: *New Left Review* 20, March-April, 2003, p. 83-110, 2013.

_____. "Land privatization for people, not for oligarchy", a speech delivered at Phoenix Economic Forum, 2013. Disponível em: http://finance. ifeng. com/a/20131227/11354514_0.shtml.

QUIZON, A. B. *Land Governance in Asia*: Understanding the debates on land tenure rights and land reforms in the Asian context. Rome: International Land Coalition, 2013.

RUIJIN RED CULTURAL TRAINING. *The Secret of the Survival of 100 Thousand Red Army in the Soviet Areas*. Disponível em: https://mp.weixin.qq.com/s/3iAzqXxky3f0vH0GdXx6Q.

SARAH Y. T. and CHEN, G. "China's land policy reform: an update". *EAI Background Brief* 419, 2008.

THE ANALECTS OF CONFUCIUS, traduzido e editado por Yang Bojun. Hong Kong: Chung Hwa Book Company, 2011.

TSE-TUNG, Mao. "On the question of the national bourgeoisie and the enlightened gentry", 1948. Disponível em: https://www.marxists.org/reference/archive/mao/selectedworks/volume4/mswv4_32.htm.

WEN, Tiejun. "Centenary reflections on the 'three-dimensional problem' of rural China," trans. Petrus Liu. *Inter-Asia Cultural Studies*, v. 2, p. 287-295. Publicado originalmente em: Dushu 12 (1999), p. 3-11, 2001.

_____. "How China's migrant labourers are becoming the new proletariat", *in*: *Labour and the Challenges of Globalization*: What Prospects for Transnational Solidarity? London: Ann Arbor, MI: Pluto Press, 2008.

_____ *et al.* "Land institutional transition and nation building – a comparative study on land reform in Nepal and East Asian countries", *in*: CAI, J. and KUANG, M. (ed.). *On The Land System Reform of China*. China Finance and Economy Press, p. 621-629, 2009.

_____ *et al.* "Ecological civilization, indigenous culture, and rural reconstruction in China", in *Monthly Review*: An Independent Socialist Magazine, February, v. 63, p. 29-35, 2012.

_____ *et al. Eight Crises:* Lessons from China (1949–2009). Beijing: Dongfang Press, 2013.

YANG, Shuai and WEN Tiejun. "Economics fluctuation, transformation of taxation system, and capitalization of land resources – an empirical analysis of three times of land enclosures since the policy of reform and open door" *Management World,* n.4, p. 32-41, 2010.

ZHAO, Yongjun, WEN, Tiejun, YAN, Jinming *et al. Land Governance in China*: Historical context and critical junctures of agrarian transformation, published by International Land Coalition, 2014.

_____. "China's land tenure reform: Time for a new direction?", *The China Review*, v. 11, n. 2, p.125-152, 2011.

A REFORMA AGRÁRIA NO VIETNÃ

NGUYEN DUC TRUYEN

A reforma agrária entre a revolução nacional e a revolução democrática (1945-1954)

O regime colonial francês estabeleceu-se no Vietnã a partir do fim do século XIX (em 1862 na Cochinchina e em 1884 no conjunto do país). No entanto, os movimentos de luta pela independência nacional dos vietnamitas contra os colonialistas franceses não tinham tido êxito antes de 1930. O Partido Comunista Indochinês (PCI), criado em 1930 e precursor do Partido dos Trabalhadores do Vietnã, abordou, a partir de 1945, ao mesmo tempo a questão nacional, visando a luta pela independência do país, e a questão camponesa, por uma reforma agrária gradual, dois objetivos necessários para levar a bom termo a revolução nacional.

De fato, a posição sobre a questão camponesa, na linha política do PCI, baseava-se nas características muito particulares do Vietnã, cuja área cultivável das explorações familiares camponesas fora incessantemente reduzida e parcelada, vista a pequenez da superfície cultivável e devido à densidade demográfica em constante aumento no decorrer dos últimos séculos. Entretanto, não se pode compreender essa extrema segmentação sem analisar a evolução do fator fundiário que marcou a história do Vietnã.

A estrutura agrária no tempo da colonização francesa, antes de 1954, caracterizava-se pela concentração das terras em mãos dos proprietários fundiários, em detrimento das explorações camponesas. Antes da guerra, nos anos 1930, algo em torno de 50% das terras cultivadas pertencia aos latifundiários (que constituíam apenas 3% da população) e 9% dessas terras pertenciam a franceses. As terras comunais, sob controle dos latifundiários e dos camponeses ricos, equivaliam a 12%. O restante, 30% da área cultivada, pertencia aos camponeses que constituíam 90% da população. Uma pesquisa fundiária realizada depois de 1945 mostra uma situação ainda caracterizada pelo sistema colonial. É por esta razão que, para o Partido Comunista do Vietnã (PCV), a questão camponesa esteve estreitamente ligada à questão nacional e não se podia fazer uma reforma agrária sem realizar primeiro a libertação nacional.

Orientando-se no sentido de uma revolução nacional, a "questão camponesa" devia evidentemente ser tratada pelo PCI de uma maneira mais flexível do que na lógica socialista, embora a referência à "revolução agrária" fosse constante. Não se tratava de lutar, de uma perspectiva obreirista, contra as classes possuidoras em geral (sendo que estas formavam uma das características econômicas do próprio campesinato), mas somente de combater os "feudais anamitas e a classe burguesa contrarrevolucionária". O objetivo da revolução agrária era então "nacionalizar todas as *plantations* e as terras dos imperialistas franceses e dos proprietários contrarrevolucionários anamitas e distribuí-las aos camponeses pobres".

Depois da vitória da insurreição geral, em 19 de agosto de 1945, o poder revolucionário se estabeleceu no conjunto do país. Entretanto, os ataques das forças do imperialismo francês e de seus aliados no Vietnã tinham forçado o PCI a definir uma linha política específica, insistindo na revolução de libertação nacional e em seu *slogan* "o povo é a prioridade".

Esta linha política nacional do PCI presidiu a resistência contra os franceses entre 1946 e 1954. A política do partido mobilizou todas as forças favoráveis à revolução nacional. Esta política, mesmo no início da repartição das terras sob pressão da mobilização dos camponeses pobres que contribuiu para a vitória decisiva da resistência em 1953, limitou-se sempre à repartição das terras comunais e à redução da renda fundiária, sem tocar nos latifundiários, que se queria ganhar para a luta nacional.

O quadro 1 mostra que a propriedade da terra dos franceses, confiscada em 1953, correspondia a 89%. A proporção para os latifundiários era de 41%, de 85%, para os "traidores", e de 77%, para as terras comunais. É importante notar que a redistribuição das terras só chegou a 41% das propriedades dos latifundiários. A política de solidariedade nacional do PCI presidira a esta redistribuição gradual das terras, tolerando a propriedade da terra para os grandes proprietários.

Quadro 1 – Apropriação da terra na República Democrática do Vietnã (1945-1953)[1]

Propriedade original	1945-1949 (%)		1949-1953 (%)	
	Sobre a superfície do grupo	Sobre a superfície total da reforma agrária	Sobre a superfície do grupo	Sobre a superfície total da reforma agrária
Francesa	61	10	28	3
Latifundiários	10	22	31	39
"Traidores"	34	7	51	6
Terras não utilizadas	23	6	50	8

[1] Andrew Vickerman. *The fate of peasantry, premature "transition to socialism" in the Democratic Republic of Vietnam.* New Haven, Connecticut, Yale University, Southeast Asia Studies, 1986, p. 61.

Terras retidas	6	9	26	25
Igreja	-	-	13	1
Terra comunal	32	67	45	57
Total	22	100	37	100

O ano de 1953 marcou a última fase da Resistência e o começo de uma reforma agrária radical. Em janeiro daquele ano, a 4ª reunião do Comitê Central do PCV decidiu "suprimir o regime de propriedade dos colonialistas franceses e de outros imperialistas no Vietnã, anular o regime feudal dos latifundiários vietnamitas e estrangeiros, e promover o regime de propriedade camponesa". Essa política deu um caráter radical à reforma agrária daquele período, ligado à luta contra a classe dos latifundiários, acusados de "traidores", porque eram, segundo seu caráter de classe, "exploradores". O objetivo desta fase da reforma foi confiscar ou requisitar a terra de todos os latifundiários e reparti-la entre os camponeses sem-terra e pobres.

Todas as repartições temporárias efetuadas durante os oito anos precedentes foram reexaminadas e sancionadas no curso desta fase (quadro 2).

No mês de outubro de 1957, a 10ª reunião do Comitê Central do PCV declarou terminada "a tarefa antifeudal" no Norte. Segundo o balanço da reforma agrária do Governo, em 1957, um total de 810 mil hectares de terra, 1.846.000 instrumentos de trabalho, 106.448 animais de tração e 148.565 moradias tinham sido distribuídos a 2.104.138 famílias camponesas, ou seja, 8.323.636 de habitantes, ou 72,8% da população rural (quadro 3).

Com a Reforma Agrária, a redistribuição das terras transformou a estrutura das classes no campo do Vietnã do Norte. O regime da propriedade fundiária feudal e colonial foi inteiramente abolido e a classe dos latifundiários, eliminada. O campesinato tornou-se a partir de então dono das terras e da

Quadro 2 – Classes sociais, propriedade da terra e terra utilizada por família na República Democrática do Vietnã (1945-1953)[1]

	1945			1953				
Classificação	Em classe	% de terra possuída	hectares por família	Em classe	% de terra possuída*	hectares proprietário por família	% de terra utilizada**	hectares utilizados por família
Francesa	-	0,8	-	-	1,0	-	0,2	-
Igreja	-	1,6	-	-	1,6	-	0,6	-
Terra comunal	-	24,6	-	-	22,5	-	1,4	-
Proprietário fundiário	3,5	22,5	4,959	1,8	17,3	5,786	10,0	3,352
Camponês rico	2,2	7,1	2,437	1,2	4,4	2,259	4,5	2,288
Camponês médio	32,2	30,4	0,720	33,6	34,6	0,637	45,8	0,844
Camponês pobre	35,4	10,8	0,234	43,5	15,7	0,224	29,7	0,424
Camponês sem terra	20,6	1,2	0,046	14,4	2,1	0,092	6,3	0,272
Outros operários rurais	6,1	0,7	0,094	5,3	0,8	0,094	1,2	0,141
Total/médio	100	99,7	0,762	99,8	100	0,670	99,8	0,620

* Terra repartida entre os proprietários de terra e os camponeses ricos, sem abrir mão da propriedade, o que indica uma aceitação forçada da reforma agrária.

** Terra repartida pelos proprietários de terra e os camponeses ricos a quem as utilizavam, significando que a reforma agrária progride, no contexto de uma resistência que ainda não acabou.

1 *Ib.*, p. 65.

produção agrícola. Avaliando o resultado da Reforma Agrária, o partido afirmou que esta, embora tivesse cometido erros de natureza esquerdista, tinha libertado a economia camponesa do domínio dos proprietários fundiários e feudais. Esta reforma abriu caminho para o desenvolvimento da indústria e do comércio no contexto da economia rural e da economia nacional.

Depois da guerra contra os franceses, chamada "Período da Resistência" (1954), o Vietnã do Norte entrou em uma fase de restauração e de desenvolvimento econômico. Em consequência dos efeitos da guerra, a economia agrícola do Norte ficara exangue: 140 mil hectares de terras estavam abandonados; quase todos os sistemas de diques e de irrigação haviam sido gravemente afetados, a ponto de 200 mil hectares de arrozais não serem mais irrigados; centenas de milhares de animais de tração tinham sido mortos; os instrumentos de trabalho estavam dramaticamente em falta. Assim, as políticas econômicas foram reorganizadas e dinamizou-se a produção agrícola, fundamento de toda a economia nacional.

A economia camponesa foi estimulada por oito medidas, promulgadas pelo Governo em maio de 1955. Tratava-se de garantir os direitos da propriedade da terra; de garantir os bens dos camponeses e de outras camadas sociais; de estimular o trato e a volta do cultivo das terras abandonadas (isenção de imposto, durante três anos, para as terras que voltassem a ser cultivadas; durante cinco anos, para as terras tratadas); os camponeses foram inteiramente isentos do imposto sobre as colheitas em aumento e sobre a produção de rendimentos elevados; foi permitido alugar mão de obra e animais de tração, emprestar e tomar emprestado; o desenvolvimento de formas de ajuda mútua foi estimulado; assim como as ocupações rurais secundárias e as profissões artesanais; as famílias industriosas foram recompensadas; a sabotagem da produção foi reprimida.

Quadro 3 – Apropriação das terras na República Democrática do Vietnã antes e depois da Reforma Agrária, em metros quadrados por cabeça[2]

Beneficiários	1945		1953		1957
	Terra possuída	Terra utilizada	Terra possuída	Terra utilizada	Terra possuída
Latifundiários	10.093	11.356	6.393	-	738
Camponeses ricos	3.975	4.679	3.345	-	1.547
Camponeses médios	1.372	1.688	1.257	1.678	1.610
Camponeses pobres	431	680	490	1.006	1.437
Camponeses assalariados	124	252	262	807	1.413

Fonte: Hanoi, 1978, p. 94.

[2] Andrew Vickerman, *op. cit.*, p. 63.

Essas políticas econômicas geraram apego dos camponeses à produção agrícola, cujos índices aumentaram todos, apesar de que as condições de trabalho material e técnico tenham permanecido idênticas aos de antes da guerra. No entanto, a consciência de serem donos de sua terra mudou fundamentalmente a mentalidade econômica dos camponeses. Mas este desenvolvimento econômico tinha seus limites. As famílias camponesas individuais tinham muitas dificuldades para se estabilizarem e desenvolver suas parcelas. A área média de cada família era muito limitada (menos de 0,4 ha, no delta do Rio Vermelho). Várias famílias tinham que partilhar um búfalo ou um boi de tração. Os instrumentos de trabalho necessários e elementares, como a enxada, a foice, o ancinho, faltavam. As calamidades naturais foram muitas naquele período, agravando ainda suas dificuldades. Algumas famílias camponesas foram obrigadas a vender suas terras e seus arrozais.

Segundo as pesquisas, era claro que os camponeses pobres (70%) e os camponeses médios (25%), não estavam à altura no trabalho de gestão e de desenvolvimento de suas parcelas. O fato de vender suas terras ou seus animais de tração era a prova. De fato, esses camponeses não tinham suficiente experiência para fazer prosperar parcelas agrícolas cuja área tinha sido multiplicada por três. Além disso, os camponeses ricos e médios, capazes de explorar parcelas dessas dimensões, foram entravados em suas atividades por razões políticas. O dinamismo da economia camponesa foi, portanto, prejudicado pelos preconceitos a respeito deles.

A coletivização: a reforma agrária na revolução socialista

A revolução socialista, de que a coletivização agrícola foi um dos principais mecanismos, suprimiu o direito de propriedade individual da terra e dos meios de produção, enquanto os camponeses começavam a se reapropriar das terras redistribuídas pela reforma agrária. Para evitar reações negativas, o Estado vietnamita estimulou formas voluntárias de ajuda mútua que já tinham existido durante a guerra nas zonas liberadas. Coletividades de ajuda mútua, compostas de 20 a 30 famílias, punham em comum as terras, os animais de tração, os instrumentos de trabalho, a mão de obra e trabalhavam juntas, partilhando os produtos da produção comum, de acordo com a importância das terras de cada família. Esta coletividade de ajuda mútua desenvolveu-se numa forma de cooperação agrícola.

Quadro 4 – Efeitos da Reforma Agrária[3]

Ano	Superfície (ha)	Rendimento médio (t/ha)	Produção
1939	1.836.600	1,33	2.353.200
1945	2.650.000	1,43	3.770.000
1954	1.898.100	1,37	2.600.000
1955	2.224.000	1,62	3.604.000
1956	2.280.000	1,81	4.132.000
1957	2.191.000	1,80	3.947.000
1958	2.225.000	2,04	4.576.000
1959	2.231.000	2,33	5.200.000

Graças a ela, durante o período de restauração e de desenvolvimento econômico dos anos 1958-1960, os progressos econômicos foram apreciáveis no Vietnã do Norte. Apesar de serem qualificadas pelos quadros políticos da época como "cooperativas de baixo nível", as coletividades de ajuda mútua tinham de fato espírito de cooperação econômica democrática e igualitária. O quadro 4 mostra os efeitos positivos da Reforma Agrária e das políticas de desenvolvimento econômico no decorrer dos anos que precederam a coletivização agrícola. As

[3] Vo Nhan Tri, *Croissance économique de la république démocratique du Vietnam* (1945-1965), Hanoi, 1967, p. 368.

superfícies cultivadas aumentaram 20%, depois de 5 anos de restauração econômica (1954-1959). O rendimento aumentou quase duas vezes (44%). A produção dobrou.

Como se vê, as primeiras tentativas de Reforma Agrária radical tiveram resultados flutuantes. A restauração econômica esteve longe de atender às necessidades elementares do país. No entanto, no período de resistência colonial, um impulso fora dado aos camponeses que se organizaram voluntariamente na forma de grupos de ajuda mútua. Ora, por razões políticas, no decorrer do período seguinte, o princípio de organização voluntária seria substituído pelo processo de coletivização.

No começo dos anos 1960, as terras e os meios de produção foram transformados em propriedade coletiva das cooperativas. Estas pretendiam responder não somente ao problema da segmentação das terras agrícolas por uma constante e progressiva ampliação de sua escala (do nível da aldeia ao da comuna ou do distrito), mas sobretudo à exigência de uma economia nacional de tipo socialista, estabelecida pelo programa político do PCI em 1930. Este afirmava: "Depois de ter realizado a revolução burguesa democrática, o povo vietnamita deve empreender a revolução socialista". "Realizar esta transformação revolucionária é realizar a transformação e a edificação socialista...".

De fato, a coletivização agrícola do Vietnã inspirou-se no modelo econômico soviético. Ela se explicou sobretudo por objetivos políticos, mais do que por objetivos econômicos. A problemática desta escolha foi orientada pela definição do regime político, os tipos de relação de produção, de organização do trabalho ou de repartição dos produtos, mas não foi guiada pela eficácia econômica.

Este modelo no Vietnã demonstrou a inferioridade permanente da produtividade do trabalho coletivo, em relação à do trabalho individual ou familiar. Diante desta situação, Le Duan, o Secretário Geral do PCV na época, constatou:

> Hoje, no campo, a situação é a seguinte: na renda real dos cooperativados, 44,5% provém da economia coletiva e 55,5% da economia familiar. Além disso, para uma área de 5% da área total, reservada para o uso dos cooperativados, segundo as cifras do Escritório Geral das Estatísticas, a produção chega entre 60% e 70% do valor total dos produtos da área coletiva, que constitui, por sua vez, 95% da área total.

A razão dessa situação é que este modelo de coletivização agrícola tinha separado os trabalhadores-camponeses de sua terra e de seu processo de produção agrícola, transformando-os praticamente em assalariados agrícolas. A partir dos anos 1980, esse modelo gerou crise sobre crise, porque não tomara em conta o interesse dos camponeses, a ineficácia do trabalho coletivo, a particularidade da produção agrícola e o papel da economia familiar em uma sociedade rural.

A "descoletivização" – a reforma agrária na transição pós-coletivista

Para tentar resolver os efeitos perversos da coletivização, as medidas visando reforçar este modelo, mais do que abandoná-lo, mostraram-se todas mais ineficazes umas que as outras. Só as iniciativas de retorno à economia doméstica acarretaram soluções práticas e eficazes. Esta volta à economia doméstica ocorreu primeiro na sombra, a partir de contratos clandestinos, que substituíam certos trabalhos coletivos pelo trabalho dos lares camponeses, como antes da coletivização. Estas atividades ilegais dos camponeses, realizadas frequentemente com a cumplicidade dos responsáveis locais em diferentes níveis de responsabilidade, não eram, na verdade, senão estratégias de sobrevivência. A escolha para eles era simples: viver e sobreviver para não conhecer a fome ou aplicar as normas e as diretrizes oficiais. Estas práticas ilegais, vivamente criticadas no início dos anos 1970, foram oficialmente aceitas e implantadas pelo Estado a partir dos anos 1980.

O decreto 100 (1981) do Comitê Central do Partido Comunista Vietnamita lançou os primeiros passos de uma "descoletivização", sem tocar, no entanto, no *status* jurídico das cooperativas coletivistas. Foi preciso esperar o VI Congresso Nacional do Partido, em 1986, que criticou o modelo de coletivização agrícola como principal obstáculo à Reforma Agrária, para que fosse reconhecido o *status* jurídico da economia doméstica na economia nacional. Foi o retorno à economia doméstica e o aparecimento da lei fundiária em 1993 que garantiram o direito do uso das terras pelas famílias agrícolas, confirmando assim o início da "descoletivização".

Esse processo realizou-se, no Vietnã, de maneira gradual, com a transferência do direito de propriedade da terra ao Estado. As terras agrícolas, antes propriedade coletiva das cooperativas agrícolas, tornaram-se doravante propriedade do Estado. As famílias camponesas tiveram direito ao uso das terras e não o direito de propriedade, como antes da coletivização agrícola. No entanto, essa transferência, com o direito de uso que ele comporta, mudou profundamente a relação dos camponeses com a terra, tornando-os senhores, senão proprietários desta. A produção agrícola, depois da Resolução 10, desenvolveu-se significativamente em relação ao período precedente. Entretanto, por razões ao mesmo tempo exteriores e interiores ao processo, esta reforma não conseguiu intensificar o desenvolvimento da economia rural. De fato, os limites da produção agrícola, condicionada pela redução anual da terra cultivável e pela segmentação das terras relacionada ao sistema de contrato a preço fixo, constituíam um obstáculo. Para sair dessas dificuldades, o governo buscou desenvolver todas as possibilidades da economia doméstica, principalmente a pluriatividade.

Esta solução foi encarada pelo Partido por ocasião da 5ª Conferência do Comitê Central (1993). A estratégia econômica do Partido com relação à economia rural foi:

> renovar a estrutura econômica agrícola e rural; dar continuidade à política de desenvolvimento de uma economia de múltiplos componentes; confiar a longo prazo (20, 30, até 50 anos) o direito de uso das terras às famílias camponesas; renovar a macropolítica do Estado com relação à agricultura e ao campo.

A Resolução 5 deu mais direitos de uso das terras às famílias camponesas: direito de transmutabilidade, de locação do uso da terra, de herança, de hipoteca do próprio direito de uso da terra. A política agrícola do Estado transformou-se então em política econômica rural. O desenvolvimento da economia doméstica foi, portanto, estimulado igualmente por múltiplas atividades econômicas extra-agrícolas. A estabilização da produção agrícola e o estímulo às atividades não agrícolas foram fatores importantes, que fizeram o sucesso da economia rural, a partir de 1993. De fato, as atividades não agrícolas mudaram a estrutura da renda agrícola, trazendo recursos novos para a economia doméstica, enquanto que a renda agrícola garantia sobretudo o consumo familiar.

Essa diversificação das atividades econômicas domésticas levou a uma diferenciação das famílias camponesas em três categorias e a uma mudança das relações entre elas e a terra. A primeira categoria é a das "famílias puramente agrárias" que só praticam atividades agrícolas e pecuárias e vendem ocasionalmente seu trabalho. A segunda é a das "famílias mistas", que praticam ao mesmo tempo atividades agrícolas e pecuárias e atividades não agrícolas regulares, tais como o comércio, o artesanato e os serviços. Enfim, a terceira categoria é a das "famílias não agrícolas", que praticam uma atividade não agrícola específica, conservando ao mesmo tempo seu acesso às terras agrícolas, da mesma forma que os outros tipos de famílias. Para essas três categorias, a importância das atividades agrícolas, e, portanto, da terra, desvalorizou-se à medida que se desenvolviam relações com o mercado em suas atividades econômicas. Na realidade, a hierarquia dos níveis de vida desses grupos é definida, de alto a baixo, pelo acesso a meios financeiros como principal recurso (do terceiro ao primeiro grupo).

É por essa reforma decisiva das relações entre o homem, o trabalho e a terra, que a economia doméstica e a agricultura do Vietnã lograram importantes êxitos. A taxa de pobreza geral do país caiu rapidamente de 58,1% para 37,4% em cinco anos, entre 1993 e 1998. A taxa de pobreza alimentar caiu também, de 24,9% para 15%, no mesmo período. A razão principal desse sucesso se explica sobretudo por um crescimento econômico rápido e estável do país durante esse período. Além disso, esse crescimento foi ao encontro dos interesses de todos os grupos sociais, especialmente dos camponeses, que representavam até 90% dos pobres do país. A "descoletivização" e o retorno à economia doméstica mascaram, no entanto, um elemento central e decisivo, que vem chocar-se com a lógica da economia doméstica: a introdução da economia de mercado. Se a pluriatividade é uma característica antiga da economia doméstica rural, ela adquire, com a "descoletivização" e o desenvolvimento da economia de mercado, um aspecto novo. Faz entrar na economia doméstica fatores de produção industrial, como a energia, as máquinas, os fertilizantes etc., mas introduz também relações produtivas de mercado, deformando a natureza da agricultura camponesa e das relações sociais ligadas a ela, como as relações de família, de vizinhança e de aldeia.

A partir dos anos 2000, os sucessos da reforma econômica e da integração do país à economia mundial acarretaram uma mudança radical da estrutura econômica nacional e a redução do peso da produção agrícola na produção nacional (quadro 5). Esta desvalorização da produção agrícola em uma economia de mercado teve consequências muito negativas para os camponeses, provocando uma desigualdade do nível de vida entre o campo e a cidade (quadro 6). A renda média das pessoas do campo continua sendo a metade da renda média das pessoas das cidades, o que estimula o êxodo rural em direção às cidades ou aos centros industriais recentemente criados.

Além disso, o esgarçamento das relações entre o homem e a terra e o das relações entre as comunidades das aldeias, sob a influência da economia de mercado, criou também estados psicológicos e mentalidades que reforçam esse modelo. Se as famílias camponesas com mais recursos econômicos puderam abandonar suas atividades agrícolas para melhorar sua vida no mesmo lugar, as famílias camponesas que dispunham somente de seus braços tiveram que deixar seus vilarejos para ganhar a vida nas cidades ou em outros lugares.

Quadro 5 – Evolução da estrutura econômica do Vietnã entre 1985 e 2008

Setores e contribuição ao Produto Interno Bruto (US$ 2000)	1985 (A)	1990	2000	2008 (B)	Evolução (B – A) 1985-2008
Agricultura	37,2	33,6	24,5	18,5	-18,7
Indústria	26,2	26,1	36,7	43,2	16,9
Produção individual	15,9	13,9	18,6	25,2	9,3
Serviços	37,0	40,3	38,7	38,3	1,3
Total	100,0	100,0	100,0	100,0	0,0

Fonte: Índices de Desenvolvimento Mundial. Banco Mundial.
B-A indica a mudança da contribuição de cada setor para o PIB nacional no período 1985/2008.

Quadro 6 – Renda média *per capita* e por ano nos setores rurais e urbanos[4] (unidade de referência: mil dólares estadunidenses)

Ano	2002	2004	2006	2008	2010
Conjunto do país	15.34	20.88	27.42	42.87	59.75
Urbano	26.80	25.12	68.6	69.14	91.71
Rural	11.85	16.29	21.78	38.83	46,09

Desde 2010, o Vietnã conheceu uma taxa elevada de êxodo rural e uma taxa de urbanização de 26%, enquanto que, em 2000, esta era de apenas 19%. A taxa de crescimento anual da população urbana é atualmente de 4,1%.[5] No entanto, esta evolução não traz mais os pobres do campo, para os quais alguns recursos permitiam manter sua economia doméstica como base de sobrevivência imediata, enquanto que, para as famílias não agrícolas e ricas, a manutenção dos lotes de terra significa somente um dos símbolos tradicionais de seu êxito econômico. Assim, o êxodo rural reforçou a segmentação das terras agrícolas e da economia doméstica, impedindo um reagrupamento das terras.

Para resolver as dificuldades da economia doméstica e melhorar as condições de vida dos camponeses, o Estado vietnamita buscou desenvolver novas políticas de desenvolvimento agrícola e rural. Entre elas, pode-se citar a política de redução do número das parcelas de cada família estimulando a troca de parcelas vizinhas, para ampliar a área agrícola e para reduzir a segmentação das terras agrícolas. Do ponto de vista do desenvolvimento rural, trata-se da construção de uma "nova vida no campo", integrando as atividades econômicas comuns (a infraestrutura, as obras públicas, a melhora do nível de vida)

---

4 Général Statistique Office du Vietnam, Living standard survey, 2010.

5 Disponível em: http://www.worldbank.org/content/dam/Worldbank/document/EAP/Vietnam/eap_urban_coun- try-specific%20information.

em um programa nacional de desenvolvimento social (saúde e educação), político (segurança social) e cultural (atividades comunitárias). Isso deve ajudar as famílias camponesas a desenvolver sua atividade produtiva, integrando-as ao mesmo tempo às redes locais, regionais e nacionais, a fim de extrair daí novos recursos para o desenvolvimento das comunidades rurais.

A partir do reagrupamento das terras agrícolas, do desenvolvimento das infraestruturas rurais e da melhora das condições de vida dos camponeses, o objetivo é poder realizar uma passagem do modelo da economia doméstica ao de uma economia de escala, na forma de fazendas agrícolas, de fazendas mistas ou de empresas não agrícolas. Esta política está ainda no estágio de etapa-piloto, mas já enfrentou dificuldades. De fato, vê-se que a cooperação entre as famílias camponesas só é aceita no que se refere às trocas de experiências ou de ajuda mútua, mas não para aportes de capitais ou para partilha de partes do mercado.

Nas zonas rurais industrializadas e urbanizadas, melhorias da renda das famílias camponesas são uma realidade, garantindo um crescimento das atividades agrícolas, ao mesmo tempo que salvaguardam a estabilidade da vida rural. Isso mostra que o desenvolvimento da sociedade rural do Vietnã de hoje deve basear-se na integração da economia rural à economia nacional e na contribuição desta última à economia rural e não nos esforços isolados dos camponeses.

A REVOLUÇÃO AGRÁRIA CUBANA: CONQUISTAS E DESAFIOS[1]

JUAN VALDÉS PAZ

Introdução

Após o triunfo insurrecional contra a ditadura de Fulgencio Batista em 1959, iniciou-se a Revolução como uma transformação profunda da sociedade cubana, primeiramente política, depois social e, logo, agrária. De fato, os diversos programas políticos insurrecionais se comprometiam com a transformação das condições do campo cubano e, mais precisamente, com uma reforma agrária, tal como aparecia no pensamento radical cubano e no mandato constitucional de 1940 (Castro, 1966).[2] O processo agrário cubano tem sido, portanto, parte inseparável da história da Revolução Cubana e um de seus eixos fundamentais. Estudar esse processo é fazer referência a uma história de 50 anos, ousadia que foge do propósito deste ensaio e para a qual não dispomos do tempo nem do espaço necessários. Propomos aqui o objetivo mais modesto de apresentar aos leitores uma sinopse desse processo, agrupando-o de forma mais temática do que cronológica. Contudo, parece-

---

1 Originalmente escrito em espanhol sob o título *La revolución agraria cubana: logros y desafios*. A tradução para o português é de Diego Molina. O original encontra-se à disposição do leitor no IEA-USP para eventual consulta.

2 O mais destacado desses programas é a conhecida alegação de defesa de Fidel Castro (1966).

-nos útil propor inicialmente, e caracterizar dentro das nossas possibilidades, uma periodização do processo que sirva como referente para a nossa exposição, que é a seguinte:

1959-1963 – período das duas primeiras Reformas Agrárias e da constituição de um setor estatal da agricultura;

1963-1970 – período de adequação da agricultura às novas condições socialistas e de expansão da agricultura de cana, visando atingir a safra de 10 milhões de toneladas;

1970-1975 – período de recuperação da safra de 1970 e extensão do modelo tecnológico de produção intensiva;

1975-1985 – período de adequação da agricultura ao Novo Sistema de Direção e Planificação da Economia (NSDPE);

1985-1993 – período de adequação da agricultura à campanha de Retificação de Erros e Tendências Negativas;

1993-2008 – período de recuperação da crise dos anos 1990 e de uma terceira Reforma Agrária;

2008-atualidade – período em curso, de uma quarta reforma agrária e da Municipalização da Agricultura.

Como podemos ver, esses períodos foram demarcados pela estratégia de desenvolvimento dominante para cada um. Como parte de todos eles, examinaremos seis dos aspectos que caracterizaram seu desenvolvimento, que são: i) estrutura da propriedade e posse da terra; ii) uso do solo; iii) organização da produção agrária; iv) ciência e tecnologia; v) economia agrária; vi) e desenvolvimento rural.

Vale observar que a história agrária da Revolução Cubana foi no seu início a superação revolucionária da questão agrária originada na etapa republicana, caracterizada por uma agricultura dominada pelo latifúndio, uma sociedade rural abissalmente atrasada e diferenciada da sociedade urbana, assim como um baixo nível científico e tecnológico das atividades agropecuárias. Uma vez superada em seus aspectos fundamentais a tradicional questão agrária, a opção não capitalista ou socialista (adotada no começo dos anos 1960 como via para a consolidação da soberania nacional, para o desenvolvimento socioeconômico, para a instauração de um padrão menor de desigualdade e para o estabelecimento de uma democracia popular) daria lugar a estratégias de transição socialistas orientadas a uma sociedade cubana mais justa e independente. As estratégias socialistas implementadas naquele tempo deram lugar à peculiar questão agrária, caracterizada em parte pela elevada estatização das atividades agropecuárias, pela baixa produtividade do trabalho e dos meios, assim como pela insegurança alimentar. A superação desta "questão agrária" do socialismo cubano determina as estratégias agrárias em curso e suas metas imediatas.

Examinaremos a seguir alguns dos temas de sua trajetória.

Estrutura da propriedade e posse da terra[3]

Como ensinava Antonio Garcia, o característico da dominação latifundiária não é só a alta concentração de terra em mãos de poucos proprietários ou ocupantes, mas a sequela de relações de exploração, subordinação e exclusão que se estruturaram a partir dela, assim como a expressão cultural correspondente, aquilo que ele chamava de "a constelação latifundiária".

A experiência histórica cubana não podia senão corroborar essa visão. Dessa forma, podemos constatar que, nos anos 1950, uma estrutura de posse da terra caracterizada pela concentração mostrava que 57% da terra estava em mãos de 3% dos proprietários, enquanto 78,5% (cerca de 126 mil ocupantes com menos de 5 hectares de terra) possuía só 15%; e 40% deles na

[3] Cf. Valdés Paz (1997).

condição de arrendatários, subarrendatários ou parceiros. Sobre essa estrutura, sustentava-se uma sociedade rural de assalariados, camponeses e desempregados agrícolas, tão explorados como precários.

Nesses anos, as forças participantes na insurreição cubana contra a ditadura de Fulgencio Batista haviam identificado essa situação como prioridade absoluta de um programa de justiça e transformações sociais, tal como foi expresso na alegação de defesa de Fidel Castro (1966) conhecida como *"La historia me absolverá"*, e na Lei n. 3 da Sierra Maestra, promotora de uma reforma agrária nos territórios liberados.

De fato, a reforma da estrutura de posse da terra foi a primeira grande transformação estrutural promulgada pela Revolução em 1959, e, desde então, uma das estruturas socioeconômicas que têm sido objeto de maior número de reformas. Desde 1959, podemos contar quatro reformas da estrutura de posse, que podem ser resumidas da maneira que segue.

Primeira Lei de Reforma Agrária de maio de 1959: meio pelo qual erradicou-se o latifúndio e a propriedade estrangeira sobre bens rústicos; foram suprimidas todas as formas de posse não proprietária; e a propriedade da terra foi entregue a quem a trabalhava, beneficiando mais de 100 mil camponeses. Após sua aplicação, em condições de aguda luta interna e externa, originou-se um setor nacionalizado da agricultura, administrado por meio do Estado, que compreendia 33% das terras do país.

Segunda Lei de Reforma Agrária: promulgada em 1963, uma vez definido o caráter socialista da Revolução no marco da luta política e de classes do momento. Por meio dessa Segunda Lei, ficavam automaticamente nacionalizadas todas as propriedades ou prédios com mais de 67 hectares. Com ela, o setor estatal da agricultura passou a possuir 66% das terras, convertendo-se na base do desenvolvimento socialista da agricultura cubana. *Evolução dos anos 1960, 1970 e 1980.* Desde a segunda metade dos anos 1960, houve uma transferência paulatina de terra do setor privado ao setor estatal, por motivo de vendas voluntárias por parte dos camponeses ou de compras para utilidade pública, em apoio aos planos estatais de desenvolvimento. Essas transferências elevaram a posse do setor estatal para 82% das terras.

Terceira reforma agrária de 1993. A crise agrária desencadeada nos anos 1990 (desabastecimento, descapitalização, desmoronamento do modelo tecnológico, falta de força de trabalho agrícola etc.) deu lugar à urgência de se redistribuírem terras nacionalizadas em favor de formas cooperativas e do setor camponês. Isso fez com que houvesse uma desestatização da estrutura de posse, diminuindo sua participação de 80% para 40% das terras.

Quarta reforma agrária, iniciada em 2008. As difíceis condições de recuperação da agricultura em terras estatais ou recentemente desestatizadas deram lugar a uma reserva crescente de terras ociosas, o que apresentou a necessidade imperiosa de sua redistribuição em condições de usufruto para novos camponeses, para camponeses tradicionais e para cooperativas com disponibilidade de força de trabalho. O efeito desse processo ainda em curso foi diminuir a posse de terras estatais para aproximadamente 25%, assim como elevar o número de ocupantes individuais, proprietários de seus fundos ou usufrutuários de terras nacionais.

Como podemos observar, a tendência que mostrou a evolução da estrutura de posse de terra no país foi a condição histórica da nacionalização da propriedade rústica para sua posterior redistribuição como posse privada, camponesa ou cooperativa.

Uso do solo

Um dos traços próprios da constelação latifundiária em Cuba foi o padrão histórico de um solo 75 a 80% dominado pelo cultivo de cana e a criação de gado bovino. Nos anos 1960, o incremento da agricultura que não fosse de cana coexistiu com a expansão açucareira dos últimos anos dessa década, favorecida pela ampliação da área cultivada.[4] Mas o incremento do cultivo de cana visando sustentar safras açucareiras de mais de 8 milhões de toneladas, assim como a expansão da criação de gado bovino, reinstalou o padrão tradicional de uso do solo até os anos 1990, quando esse se viu afetado pela crise.

Desde o início da reconversão açucareira no começo dos anos 2000, esse padrão de uso do solo, ainda dominante, viu-se deteriorado pela passagem de terras do cultivo de cana para a produção agrícola não açucareira, de criação bovina ou florestal.[5] De fato, a criação bovina e a agricultura de cana ocupam atualmente apenas 50% das terras agrícolas. Por sua vez, a distribuição em curso de terras ociosas para a produção de alimentos deverá modificar definitivamente esse padrão histórico a favor da agricultura não açucareira.

Precisamente, o maior desafio imediato do uso do solo é fazer a reserva de terras ociosas existente começar a produzir. As sucessivas reformas agrárias, assim como as estratégias de desenvolvimento agropecuário de cada período, influíram na evolução da organização agrária cubana, a favor de formas de organização inéditas como as empresas estatais e as coopera-

---

[4] Convencionalmente, a produção agropecuária se classifica em: agricultura açucareira (*cañera*), agricultura não açucareira (*no cañera*) e produção pecuária, com suas respectivas subclassificações.

[5] A transferência projetada sobre 1 milhão de hectares se distribuiria da seguinte maneira: 32% para cultivos vários e hortaliças; 18% para florestais e frutais; e 50% para a criação de gado bovino.

tivas. Um exame mais pormenorizado por setores poderia ser ilustrativo.

Produtores

Os produtores camponeses, com áreas de 24 hectares em média, foram afirmados como individuais ou familiares por meio da Primeira Reforma Agrária. Eles evoluíram diminuindo em número, nos anos 1960 e 1970, se estabilizaram e aumentaram em número durante o processo de cooperativismo impulsionado ao longo dos anos 1970 e 1980, e continuaram crescendo como novos usufrutuários nos anos 1990 e 2000. De fato, atualmente há registros da existência de mais 300 mil camponeses.

Diversas formas de cooperativas foram surgindo, com diversos destinos, desde os anos 1960 até nossos dias. As cooperativas de origem camponesa atualmente existentes são: a) Cooperativas de Produção Agropecuária (CPA), de propriedade coletiva, surgidas ao longo dos anos 1970 e 1980, até abranger 40% do campesinato, cujo número diminuiu por diversas causas ao longo dos anos 1980 e 1990; e b) Cooperativas de Crédito e Serviços (CCS), forma de cooperação simples na qual um número de produtores individuais se agrupa para certos fins comuns. Esta última forma de cooperação, a mais bem-sucedida nos anos 1990 e a mais escolhida entre os camponeses, tende a aumentar com o acesso dos novos produtores usufrutuários. Um caso particular é o das cooperativas originadas entre os trabalhadores agrícolas, como efeito da desestatização dos anos 1990, conhecidas como Unidades Básicas de Produção Cooperativa (UBPC). Essas cooperativas agruparam a maior parte dos trabalhadores agrícolas estatais da agricultura. Trata-se de uma forma cooperativa híbrida que ainda deve evoluir para uma cooperação plena.

Por sua vez, temos as formas de produção com as quais a gestão agropecuária se organizou no setor estatal, durante cinco décadas, que foram: as Granjas do Povo nos primeiros anos da década de 1960; as Granjas e Agrupações, os Planos Especiais, nos anos 1960 e 1970; as Empresas Estatais Agropecuárias, desde meados dos anos 1970 e até final dos anos 1980; e as Granjas estatais do setor estatal subsistente, dos anos 1990 em diante. O traço principal das organizações estatais da agricultura é a grande escala e a altíssima concentração de recursos, assim como a proliferação de organizações de segundo grau como uniões, grupos empresariais, corporações, complexos agroindustriais etc.[6]

Como resultado das evoluções particulares, descritas aqui, hoje temos um panorama organizativo da produção agropecuária dominado por empresas autoadministradas, com um maior peso das formas cooperativas em terras e número de produtores. Essa situação supõe novos desenhos organizativos para as atividades de garantia de produção (abastecimentos, serviços mecanizados e transporte etc.) e de serviços técnico-científicos, assim como da comercialização da produção.

Direção estatal

Igualmente cabe mencionar a organização da direção estatal sobre a agricultura, a qual também tem sido objeto de evolução no tempo, tanto em sua estrutura funcional quanto em suas dependências: Instituto Nacional de Reforma Agrária (INRA)[7]

---

6 Em 1963, 880 fazendas administravam 66% das terras nacionais; e em 1989, 474 empresas estatais administravam 82% das terras.

7 O Instituto Nacional de Reforma Agrária (INRA), criado em meados de 1959 para a implementação da Primeira Lei de Reforma Agrária, exerceu também o papel de núcleo do novo Estado revolucionário, albergando no início muitas das funções e atividades que depois o caracterizariam (cf. Valdés Paz, 2010).

de 1959 a 1975; o Ministério da Agricultura (Minagri) de 1985 até nossos dias; e o Ministério do Açúcar (Minaz), que a partir dos anos 1980 integrou a agricultura de cana até hoje, assim como suas respectivas delegações territoriais. O maior desafio atual da direção estatal da agricultura é passar de uma direção administrativa altamente centralizada para uma direção estatal descentralizada, o caso da chamada "municipalização". Essa "municipalização" parece beneficiada pelas seguintes razões: a escala organizativa de todos os produtores fica sob o controle municipal; os recursos de uma produção agroecológica são fundamentalmente locais; e os produtores autoadministrados têm que medir a sua gestão diante do mercado.

As futuras reformas organizativas da agricultura deverão superar a contradição histórica entre uma atividade essencialmente territorial e uma organização verticalizada; assim como a propensão a basear o desenho organizativo em critérios administrativos e não econômicos, a tendência a basear a organização da gestão em modelos homogêneos e, por último, estabelecer pautas organizativas de curta duração.

Ciência e tecnologia

Desde o começo dos processos de reforma agrária nos anos 1960, o desenvolvimento agropecuário foi acompanhado por um desenvolvimento paralelo dos serviços técnico-científicos para a agricultura e pelas pesquisas agropecuárias básicas e aplicadas. No final daquela década e começo da de 1970, em apoio aos planos de desenvolvimento baseados em um modelo tecnológico intensivo em recursos, iniciou-se uma verdadeira revolução técnica no setor agrário, tanto nos serviços quanto nas pesquisas agropecuárias.

De fato, foram criadas grandes organizações de serviços técnicos com financiamento orçamentário (institutos, centros nacionais, laboratórios centrais etc.) com presença em todo o território nacional e unidades territoriais de serviços de solo e de fertilizantes, serviços hidráulicos, fitossanitários, veterinários, de inseminação artificial e outros. Foram criados também diversos centros e institutos de pesquisa nas diferentes áreas e especialidades.

Esse desenvolvimento de recursos técnico-científicos para apoiar o setor agropecuário confrontou limitações econômicas de vários tipos, entre elas: os custos das atividades foram cobertos totalmente pelo orçamento, sem contribuir diretamente para os custos das empresas; os resultados das pesquisas tiveram um baixo nível de incorporação nas práticas produtivas; e sua incidência na produtividade agropecuária foi insuficiente. De fato, grande parte do efeito benéfico dos recursos técnico-científicos utilizados como serviços ou insumos serviu para amortizar a falta de força de trabalho ou a queda da produtividade.

Grande parte desse desenvolvimento de estrutura técnico-científica deu apoio à promoção de um modelo tecnológico intensivo em recursos e integrado por diversos elementos, como a organização em grande escala, a especialização do solo, a mecanização, a irrigação, o uso de agroquímicos, o benefício para os produtos, a seleção genética, a incorporação de novas variedades etc. Esse modelo convencional substituiu gradualmente o modelo tradicional predominante nos anos 1960, e mais rapidamente nos anos 1970, e foi dominante até a década de 1980, quando a crise econômica derrubou o modelo intensivo e o substituiu por outro emergente, de caráter híbrido, composto por elementos do modelo intensivo e de outros agroecológicos. Esse modelo emergente se viu favorecido pela crise do abastecimento técnico, assim como pela ascensão de uma produção camponesa baseada fundamentalmente no modelo tradicional.

A necessidade de um modelo que garantisse ao mesmo tempo a sustentabilidade econômica e ecológica da agricultura cubana favoreceu o estabelecimento generalizado de práticas agroecológicas, tendo a seu favor a menor escala dos produtores, o modelo de agricultura camponesa como aquele mais sustentável entre as formas de organização da produção, e uma incipiente cultura ecológica.

Economia agrária

Desde os anos 1960 até a metade dos anos 1980, o desenvolvimento agropecuário exerceu o papel de "núcleo duro" das estratégias nacionais de desenvolvimento.

Produção agropecuária

As políticas de desenvolvimento da produção agropecuária implementadas ao longo das décadas de 1970 e 1980 deviam garantir tanto um incremento constante das exportações quanto responder ao aumento da demanda interna. Nesse aspecto houve conquistas importantes:

- a área agrícola nacional atingiu 62% da área total, 13% maior do que em 1957, e a área de cultivo foi 2,3 vezes superior à existente nos anos 1950;
- a recuperação da agricultura açucareira, iniciada na segunda metade dos anos 1960, garantiria, até final dos anos 1980, safras entre 7 e 8 milhões de toneladas;
- a diversificação e o incremento da agricultura não açucareira permitiram garantir o fornecimento racionado de alimento para satisfazer a uma demanda crescente. Um sucesso particular foi atingido no aumento da produção de arroz, cítricos e tubérculos;
- além disso, conseguiu-se assegurar uma base proteica nacional em carnes, leite e ovos, que cobria grande

parte das necessidades básicas de toda a população. Isso implicou um notável desenvolvimento e industrialização da criação de gado bovino, avícola e suína;

- o nível nutricional da população atingiu em 1989 o valor *per capita* real de 2.845 quilocalorias, 76,5 gramas de proteína e 46,5 gramas de gorduras;
- a agricultura açucareira e não açucareira conseguiu aumentar constantemente as exportações de açúcar, tabaco e cítricos.

Investimentos

Essas conquistas se apoiaram em um acelerado processo de modernização por meio de investimentos produtivos, equipamentos e criação de infraestrutura, no conjunto das atividades agropecuárias. A taxa de investimento no setor chegou a representar, entre os anos 1960 e 1970, 25% do PIB nacional. Esse processo exigiu um notável e bem-sucedido esforço na formação de quadros, na capacitação da força de trabalho, na formação maciça de técnicos de nível médio e superior.

A crise dos anos 1990 produziu, entre outros efeitos, uma acelerada descapitalização da agricultura, de não menos de 50% dos meios básicos, e uma queda do investimento produtivo. Isso afetou particularmente o nível de equipamento por falta de reposição ou obsolescência e a preservação dos meios e instalações. Essa é uma das condições restritivas que a agricultura terá de enfrentar para avançar na sua recuperação.

O Período Especial

A crise dos anos 1990 produziu uma queda vertiginosa do produto interno agrário (PIA) recuperado só em parte até o final dos anos 1990 e, desde então, em regressão até hoje. As condições e restrições para a recuperação do setor (descapitalização; falta de força de trabalho; baixa disponibilidade de insumos e energia; inadequado manejo dos recursos naturais; deterioração dos solos etc.) incidiram na queda das exportações e em uma maior insegurança alimentar. Visto a partir de subsetores, podemos advertir:

- uma maior, porém instável, recuperação da agricultura não açucareira. Isso permitiu maior diversificação da agricultura, assim como o impetuoso desenvolvimento da agricultura urbana e suburbana, nos anos 2000;
- o fracasso na recuperação da agricultura açucareira. A reconversão açucareira iniciada no ano de 2002 não conseguiu assegurar o nível de produção de cana previsto para safras médias de 4,5 a 5 milhões de toneladas;
- a criação de gado foi um dos setores mais afetados pela crise e o de mais lenta recuperação. O pior desempenho foi o do gado bovino, que viu reduzido pela metade o número de cabeças existentes até o final da década de 1980; e sua produção de leite e carne diminuiu para menos de 25% da anterior. A avicultura e a suinocultura conseguiram se recuperar em maior medida e houve um notável incremento da produção de gado ovino e caprino;
- a silvicultura recebeu um forte impulso como parte da política de preservação do meio ambiente e em compensação pelos graves efeitos sofridos pelas áreas de bosques do país em décadas anteriores e posteriores ao triunfo revolucionário. A área nacional coberta por bosques havia passado de 13,4%, em 1959, para 25,3%, no final de 2007.

Comercialização

A comercialização da produção agropecuária passou a ser organizada desde os anos 1960 como um sistema estatal (nacional e territorial) de aprovisionamento e distribuição. Esse sistema era o encarregado pela compra, translado, beneficiamento e entrega atacadista da produção agrícola para a indústria e para o consumo da população. As produções pecuárias eram fornecidas diretamente pelas indústrias alimentícias.

Esse sistema baseado na dotação de recursos necessários para realizar suas funções e no peso absoluto do setor estatal na produção agropecuária passou a ter menores níveis de eficiência até entrar em crise na década de 1990. Sua recuperação foi impedida por condições contrárias às que lhe deram origem. Aliás, o ressurgimento, na década de 1990, do mercado livre, de novos intermediários e do predomínio da produção privada impôs uma concepção mais complexa e participativa da comercialização agropecuária, não sem trazer consigo tensões e variações da planificação central, da garantia do consumo social e da carteira de racionamento, ainda pendentes de normalização.

Desafios atuais

As conquistas tecnológico-produtivas da economia agrária cubana, nas três primeiras décadas, deixaram sem resolver os problemas de sua ineficiência, presente na baixa produtividade dos meios e do trabalho, assim como na crescente necessidade de subsídios públicos em quase todos os seus setores. Isso demonstrava que o modelo agropecuário cubano ficava cada vez mais inviável, tanto econômica quanto ecologicamente.

As principais causas dessa tendência eram tanto intrínsecas ao modelo agropecuário conformado desde a década de 1960 (estatização, centralização, inadequado mecanismo de incentivo, insuficientes relações monetário-mercantis etc.) quanto externas, como no caso do sistema de direção e planejamento da economia (SDPE) vigente em cada período. A crise dos anos 1990 tornou evidente tanto a impossibilidade de sustentar esse modelo e a urgência de substituí-lo por outro, quanto a necessidade de colocá-lo dentro de um novo sistema de direção e planejamento da economia.

Nas condições atuais, esse novo sistema deverá incorporar entre outros aspectos: uma maior autonomia da esfera empresarial, uma planificação complementada com o mercado e um regime financeiro duro. O modelo agropecuário deverá se adequar a esse SDPE ou "modelo de gestão". Justamente, caberá a esse novo modelo recuperar a capacidade agroexportadora do país e a segurança alimentar de sua população. Entre as dificuldades que a implantação de um novo modelo enfrentará, está a falta de força de trabalho direta no setor agropecuário, assim como a falta de recursos da maior parte das empresas. Quando esse modelo estiver definido em todas as suas partes, será necessário antecipar políticas orientadas para superar tais dificuldades.

Desenvolvimento rural

Como prioridade absoluta do programa revolucionário e como parte inseparável da estratégia nacional de desenvolvimento foi concebida, logo nos primeiros anos, a superação das condições da sociedade rural cubana. Essas condições se referiam tanto às estruturas de propriedade e posse da terra e demais meios de produção agropecuária, em que se sustentava a estrutura de classes, e às relações de exploração, opressão e exclusão dominantes na sociedade rural pré-revolucionária, quanto ao atraso absoluto e relativo da sociedade rural em relação à urbana.

Para a superação dessas condições, foi necessário, em primeiro lugar, que sucessivas reformas agrárias suprimissem radicalmente as classes dominantes cubanas, latifundiários e a burguesia agrária, assim como as administrações das companhias estrangeiras; ao mesmo tempo, reproduziram-se de maneira ampla o proletariado agrícola e o campesinato. Por sua vez, as transformações agrárias em geral deram lugar a uma nova estrutura ocupacional no campo cubano, cujos principais perfis são: produtor individual, produtor cooperativo, trabalhador manual, operário, técnico, trabalhador administrativo, dirigente, artesão e trabalhador autônomo. Em segundo lugar, a abolição e superação de tais relações foram o efeito acelerado das Reformas Agrárias promovidas nos anos 1960 e do estabelecimento de uma nova ordem socialista na nação. Em terceiro lugar, a superação do atraso ficou sujeita em grande medida ao desenvolvimento geral do país, mas, desde o primeiro momento, as particularidades políticas do desenvolvimento rural permitiram avançar no nivelamento das condições do campo e da cidade, enquanto as próprias áreas urbanas da maior parte do país eram, também, objeto do desenvolvimento.

As transformações que ao longo do tempo se derivaram dessas políticas de nivelamento do campo e da cidade podem ser resumidas da seguinte maneira:

- substituiu-se o desemprego permanente e estacional pelo pleno emprego permanente de todos os trabalhadores rurais;
- estendeu-se para todas as áreas rurais a política social da Revolução, consistente na distribuição, universal e gratuita, de bens públicos como saúde, educação, esporte e cultura, segurança social e assistência social. Isso permitiu índices de saúde, de escolarização, de consumo esportivo e cultural e de segurança social semelhantes aos das cidades;
- diminuiu perceptivelmente a população que se achava abaixo da linha de pobreza, assumindo o caráter de população assistida;

- foi criada uma extensa infraestrutura rural conformada por sistemas de vias, eletrificação, sistemas hidráulicos, moradia, instalações de serviços sociais etc.;
- a diminuição das diferenças entre o campo e a cidade permitiu uma maior integração da população rural à sociedade nacional. Inversamente, certas políticas, como a implantação dos centros de ensino médio no campo ou as mobilizações de trabalhadores voluntários urbanos para realizar tarefas produtivas no campo, favoreceram uma identidade nacional comum e uma cultura compartilhada.

Apesar dos avanços no nivelamento entre o campo e a cidade, a população rural tendeu, com o tempo, a diminuir, tanto em termos absolutos quanto em relativos, afetando crescentemente a reprodução da força de trabalho agropecuária. Aliás, a força de trabalho vem diminuindo com certa tendência em quase todos os setores de produção, até anos recentes, quando novas políticas de estímulo e de distribuição de terra favoreceram o retorno de produtores diretos.

O desenvolvimento rural favoreceu em particular a incorporação da mulher no trabalho social com maior independência e como protagonista, assim como de trabalhadores jovens, na sua maioria em condições de força de trabalho qualificada.

Por último, devemos mencionar que uma exploração agrária tanto extensiva quanto intensiva em recursos deixou sua marca no meio ambiente rural, afetando-o com uma maior deterioração dos solos, contaminação das águas, perdas de biodiversidade, poluição ambiental etc. Uma maior consciência ecológica e firmes políticas ambientalistas de Estado permitiram iniciar, desde a década de 1980, uma recuperação desses desequilíbrios, assim como propiciaram práticas mais sustentáveis do meio ambiente e dos recursos.

Conclusões

A história do processo agrário cubano, em seus distintos períodos, pode ser caracterizada como a passagem de reformas a uma revolução agrária e, posteriormente, de uma revolução agrária às reformas agrárias em curso. Nesse transcurso, a Revolução Cubana conseguiu construir os fundamentos de uma peculiar agricultura socialista e transformar a sociedade rural sobre uma base mais justa e participativa.

A crise desatada nos anos 1990 sobre a sociedade cubana, como consequência da queda do socialismo europeu, levou por água abaixo muitos dos êxitos acumulados pelo desenvolvimento agrário impulsionado pela Revolução e agravou quase todas as suas deficiências latentes. A recuperação desses impactos e suas consequências são parte da agenda por resolver. Nela, a capacidade da agricultura cubana de recuperar suas exportações, substituir importações e elevar constantemente a segurança alimentícia da população tem uma particular importância.

A promoção de um novo modelo agrário que permita superar as insuficiências e contradições do modelo histórico é o maior dos desafios. Porém, um novo modelo agrário supõe um novo sistema nacional de direção e planejamento da economia.[8]

A questão agrária continuará sendo, como foi, parte essencial do projeto socialista cubano. Os desafios que essa questão agrária apresenta para o futuro da sociedade cubana não poderão ser enfrentados sem uma alternativa socialista, orientada para o autogoverno e à autogestão.

---

[8] O esboço de um novo SDPE ou "modelo de gestão" pode ser observado no "Projeto de alinhamentos da política econômica e social do Partido e da Revolução" aberto à discussão pública e cuja versão final será debatida no VI Congresso do Partido Comunista de Cuba (PCC), convocado com esse propósito para abril de 2011.

Referências

CASTRO, F. *La Historia me absolverá*. Havana: Editora Política, 1966.

VALDÉS PAZ, J. *Procesos agrarios en Cuba*: 1959-1995. La Habana: Ciencias Sociales, 1997.

_____. *Los proceso de organización agraria en Cuba*: 1959-2006. La Habana: Fundación Antonio Núñez Jiménez de la Naturaleza y el Hombre, 2010.

SOBRE OS AUTORES

Carlos Vacaflores Rivera
Agrônomo e Geógrafo, Pesquisador da Comunidade de Estudos JAINA, da Bolívia.

Jayme Martins
Jornalista, viveu na China por 20 anos (1962-1979 e 1987-1989), como professor de Português no Instituto de Línguas Estrangeiras (hoje, Universidade de Línguas Estrangeiras), copidesque do Serviço de Português da Radio Pequim (hoje, Rádio China Internacional) e correspondente da mídia brasileira (O Globo, O Estado de S. Paulo, Agência Estado, Jornal da Tarde, Rádio Eldorado, Rádio Guayba e SBT).

Juan Valdés Paz
Licenciado em Sociologia pela Universidade de Havana. Professor titular adjunto da Universidade de Havana e do Instituto Superior de Relações Internacionais "Raúl Roa García".

Lau Kin Chi
Professora Associada no Departamento de Estudos Culturais da Universidade de Lingnan, Hong Kong. Membro fundador da Universidade Global de Sustentabilidade.

Miguel Carter
Professor universitário e pesquisador agrário. Possui graduação em Ciência Política e Estudos Latino-Americanos pela Universi-

dade de Minnesota (EUA) e doutorado em Ciência Política pela Universidade de Columbia (EUA). O autor gostaria de agradecer a Ralph Della Cava, Deborah Brautigam, Kristina Svensson e Joselita Maria Almeida pela meticulosa leitura do texto e os valiosos comentários. Erin Connor, Elizabeth Minor e, especialmente, Kang Yue e Enrique Carrillo Gómez, também merecem agradecimentos especiais pela importante assistência na pesquisa.

Nguyen Duc Truyen
Sociólogo, vinculado à Academia de Ciências Sociais do Vietnã.

Pilar Lizarraga Aranibar
Economista e Geógrafa. Pesquisadora da Comunidade de Estudos JAINA. Coordenadora do Observatório da Plurinacionalidade e do Comunitário apoiado pela Fundação Rosa Luxemburgo.

Samir Amin
Economista franco-egípcio. Desenvolveu estudos sobre os mecanismos de dominação entre o centro e a periferia do capitalismo e participou na criação do Fórum Social Mundial. Faleceu em 2018.

Sérgio Gómez
Graduado em Sociologia pela Pontifícia Universidade Católica do Chile, mestre pela Universidade de Essex, Grã-Bretanha e doutor em Sociologia pela Universidade de São Paulo. Atualmente é Consultor do Escritório Regional da FAO.

Tsui Sit (Jade)
Professora associada do Instituto de Reconstrução Rural da China, da Universidade do Sudoeste, Chongqing. Membro fundador da Universidade Global de Sustentabilidade.

Wen Tiejun

Professor e Decano Executivo do Instituto de Estudos Avançados para Sustentabilidade da Universidade de Renmin da China, Pequim; do Instituto de Reconstrução Rural da China, Universidade do Sudoeste, Chongqing; do Instituto de Reconstrução Rural do Estreito, Universidade de Agricultura, Fujian e da Universidade Florestal, Fuzhou. Membro fundador da Universidade Global de Sustentabilidade.

Yan Xiaohui

Doutorando, Universidade de Lingnan, Hong Kong. Gerente geral do Green Ground Eco-Tech Center (Pequim) e Little Donkey Farm. Membro fundador da Universidade Global de Sustentabilidade.

João Pedro Stedile (organizador)

Economista. Graduado em Economia pela Pontifícia Universidade Católica do Rio Grande do Sul, e pós-graduado pela Universidade Nacional Autônoma do México. Membro da Coordenação Nacional do MST.

Lucas Bezerra

Assistente social. Doutorando em serviço social pela Universidade Federal do Rio de Janeiro (UFRJ). Educador da Escola Nacional Paulo Freire.

Reginaldo C. C. de Moraes

Doutor em Filosofia pela USP, foi professor do Instituto de Filosofia e Ciências Humanas (IFCH), da Unicamp. Publicou, pela Editora Unesp, *O peso do Estado na pátria do mercado* (2013), *As cidades cercam os campos* (2008, em coautoria com Maitá de Paula e Silva e Carlos Henrique Goulart Árabe), *Es-*

tado, desenvolvimento e globalização (2006) e *Educação superior nos Estados Unidos* (2015). Faleceu em 2019.

Maitá de Paula e Silva
Mestre em Ciência Política pela Unicamp, e foi professora da UFRN. Publicou, pela Editora Unesp, *As cidades cercam os campos* (2008, em coautoria com Reginaldo C. Moraes e Carlos Henrique Goulart Árabe) e *O peso do Estado na pátria do mercado* (2013, coautoria com Reginaldo C. Moraes).

Francisco Pineda Gómez
Doutor em Antropologia pela Escola Nacional de Antropologia e História (ENAH). Professor Pesquisador do Instituto Nacional de Antropologia e História (INAH). Faleceu em 2019.

Vladimir I. Lenin
Revolucionário e teórico político russo, viveu entre 1870 e 1924. Formado em Direito, foi uma importante figura do Partido Operário Social-Democrata Russo (POSDR) e da Revolução de Outubro de 1917. Entre 1917 e 1922 foi chefe de governo da Rússia Soviética, e de 1922 a 1924, da União Soviética. É autor, entre muitos outros, de *Que fazer? Problemas candentes do nosso movimento* (São Paulo: Expressão Popular, 2010); *O imperialismo: estágio superior do capitalismo* (São Paulo: Expressão Popular, 2012); *O Estado e a Revolução* (São Paulo: Expressão Popular, 2007); e *Esquerdismo: doença infantil do comunismo* (São Paulo: Expressão Popular, 2014)